云南省首批人才工作示范备案项目
乡村CEO人才培养基地系列教材

乡村企业库存管理

李宇卫　张　权　总策划
康道坤　吴　徐　主编

中国农业科学技术出版社

图书在版编目（CIP）数据

乡村企业库存管理 / 康道坤，吴徐主编. -- 北京：中国农业科学技术出版社，2025.3. -- ISBN 978-7-5116-7330-5

Ⅰ.F279.243

中国国家版本馆CIP数据核字第2025C0G780号

责任编辑　任玉晶
责任校对　马广洋
责任印制　姜义伟　王思文

出 版 者	中国农业科学技术出版社
	北京市中关村南大街12号　　邮编：100081
电　　话	（010）82106641（编辑室）（010）82106624（发行部）
	（010）82109709（读者服务部）
网　　址	https://castp.caas.cn
经 销 者	各地新华书店
印 刷 者	北京捷迅佳彩印刷有限公司
开　　本	185 mm×260 mm　1/16
印　　张	11.25
字　　数	226千字
版　　次	2025年3月第1版　2025年3月第1次印刷
定　　价	38.00元

◤版权所有·侵权必究▶

编者名单

总策划

李宇卫　张　权

主　编

康道坤　吴　徐

副主编

王　芳　李朝敏　王　翀

序一

乡村振兴需要自己的职业经理人

我从20世纪90年代开始从事乡村发展实践方面的工作,从培训农民使用先进的农业生产技术开始,在黄淮海平原的乡村组织农民培训。当时中国乡村发展面临的巨大挑战是人地关系紧张,乡村劳动力就业严重不足,"隐性失业"是主要问题。随着工业化和城镇化的持续发展,乡村劳动力不断转移,首先是青壮年男性劳动力外出,从而产生了留守妇女、留守儿童和留守老人。逐渐地,乡村女性也开始大规模外出务工,同时国家在教育等公共服务上逐渐取消了城乡割裂的政策,乡村儿童也逐步都随父母进城上学。乡村人口逐渐减少,2023年,我国常住人口城市化率达到了66.16%,而户籍人口城镇化率为48.3%,两者相差17.86个百分点,也就意味着大约有2.5亿乡村户籍人口居住在城市和城镇,虽然乡村人口的外流在一定程度上缓解了人地矛盾,为我国农业适度规模化经营和农业现代化创造了条件,但也不可避免地带来乡村空心化以及乡村人口的老龄化,目前我国乡村人口中老年人占比达到了23.8%,远高于城市的15.8%。这些变化使乡村振兴面临着人才严重匮乏的挑战。

2015年开始,我的团队在云南省勐腊县河边村开展农文旅融合的乡村新业态培育工作。河边村位于西双版纳自然保护区边缘,村庄周围都是热带雨林,村内的建筑都属于干栏式风格,村庄保留着非常传统的瑶族文化习俗,气候宜人,脱贫攻坚期间,在政府的易地搬迁项目和危房改造项目的支持下,我在河边村开展深度贫困脱贫路径探索时,就希望将其优质的生态资源、气候资源、文化资源能够转化成文旅资源,因此在农村住房建设项目中,优化农户住房的结构和功能,每家每户都能够改造出至少一间可以用来招待游客的客房。2018年,河边村建设工作结束,村庄到主干公路的道路修通了,村内实现了硬化道路通到各家各户,农户的房前屋后种上了本地花草果木,村里有了干净卫生的公共厕所,无线网络也联通了,还建了一个会议室,具备了接待游客的功能。我的团队也开始在村里组织各种学术讨论会，也引导了一些教育机构来村中开展冬令营活动，从而吸引了一些游客来村子里旅游、度假、研学、举办会议等，为村庄带来生机和活力。在这个过程中，我发现最难的不是建设乡村，而是经营乡村。因为乡村里缺乏具有管理技能和经营能力的人，乡村的优质资源无法转化成发展资源。我在前些年接受一些媒体采访时，就明确指出"乡村里缺乏具有管理技能和经营能力的人。这不仅是河边村面临的问题，而是很多乡村都有的普遍问题。在过去多年的脱贫攻坚实践中，政策对乡村产业的支持力度非常大，但当利用政府的支持，把产业发展起来后，却要面对普遍性的人才匮乏的问题，谁来帮助乡村经营这些产业就成为摆在大家面前的一个难题。"

后来，我带领团队在云南省昆明市、昭通市、曲靖市、临沧市、怒江傈僳族自治州开展乡村振兴示范村建设工作，政府的行政力量、专业团队的技术力量以及村民的建设能力能够很快完成村庄的建设，一些村庄不到一年的时间就变了模样，成为当地的样板村和示范村，但是进入运营阶段后，都面临着运营管理人才匮乏的问题。在多年的乡村振兴一线工作中发现，因乡村缺乏就业机会和收入提升机会，乡村人才不断向城市流动，乡村的孩子从小就被教育长大后要走出乡村，进入城市工作。"城市中心主义"的经济观和价值观取向是造成乡村人才匮乏的重要因素。乡村几乎留不下人才，很多时候，乡村成为一个人才的荒漠，这是现代化过程中给乡村留下的问题之一。我们发现，大部分富裕的乡村都有一个致富带头人，这个人可能是村干部，也可能是农民企业家。但大多数贫穷的村庄中，都没有这样的人，而这些村庄的发展，的的确确需要这样的人。

在云南的乡村振兴实践中，我们开始尝试培养乡村运营人才，也就是乡村职业经理人，也称为乡村CEO。一开始，我们在示范村面向全国招聘乡村职业经理人，报名的人很多，留下的人有很多还没有到试用期满就离开了，离开的原因并不是因为他们不愿意在乡村开展工作，而是他们中很多人发现运营乡村并不是一件容易的事情，这些人中不乏曾经在一些企业中已经做出一些成绩的，但到了乡村却出现了"水土不服"，不了解"三农"政策，不理解乡村社会结构和秩序，也难以设计出能够发挥乡村独特资源优势的产业；一些刚刚毕业的大学生虽然拥有一腔在乡村创业干事的热情，但是也困于没有相应的能力而打了退堂鼓……我们在示范村招聘的第一批乡村CEO，最后只有一个人留下来。在这个过程中，我发现乡村运营人才是需要去培养的。

2021年，中国农业大学国家乡村振兴研究院与腾讯公司可持续社会价值事业部联合发起的"中国农业大学－腾讯为村乡村CEO计划"应运而生，旨在通过为期一年的综合性系统培训，培养乡村职业经理人，对接都市动能，将城市圈的人流、资源和管理模式带到乡村，以公司运营的模式，打造会展经济、网红经济、打卡经济、周末经济和夜市经济，进而不断壮大村集体经济，从而探索解决欠发达地区乡村经营性人才匮乏问题的实践模式和路径，为乡村人才振兴提供经验和创新方案。通过创新的系统性的学习，计划通过一年综合性系统培训，全方位打造乡村经营管理的专业人才，该计划不仅包含了深入的理论学习，让学员们能够全面理解国家的乡村振兴战略和政策导向，还融合了实地考察和在岗实训环节，确保学员们能将所学知识与实践紧密结合，提升其解决实际乡村经营问题的能力。通过乡村CEO项目的实施，旨在培养出一批能够综合运用现代科技、管理知识和创新思维来解决乡村发展中遇到的各种问题的领导力量。目前，该项目已经完成了第一期和第二期的乡村CEO的培训，培养了150多名学员。这些学员经过系统学习，成长为具有一定的领导技能、综合运营技能、乡村创业技能的复合型乡村人才。他们已经成为乡村振兴中一支非常重要的新生力量，为乡村发展注入了新的活力。

乡村CEO人才的培养很快得到了很多地方政府的关注，并都向我们表达了培养人才的合作需求，我们的团队无法承担起日益增长的培训需求。于是，我们就开始思考如何让更多的机构参与到这项工作中。昭通学院、曲靖师范学院和云南农业大学成为我们第一批合作伙伴。我们通过和这三所地方院校的团队密切合作，并先后在昭通学院、曲靖师范学院建立了专门的乡村职业经理人培训机构，尤其是昭通学院成立了第一个"中国乡村CEO学院"。这种努力还得到了云南省委组织部的认可和支持，并将其列入省级人才示范项目。2022年至今，昭通学院完成了多批次的面向昭通和云南的乡村CEO培养计划，在计划执行过程中，该学院的师资不仅参与到理论教学中，还参与到CEO学员的实践指导中，在实践中他们不断总结，形成了当前乡村运营人才的最迫切的技能需求，并组织编写了《乡村CEO职业素养》《乡村CEO沟通实务》《乡村CEO法律实务》《乡村企业市场营销》《乡村企业库存管理》和《乡村企业财务管理》等应用性、实操性强的系列图书，为乡村CEO人才的培养提供了有效的理论参考。

是为序。

李小云

2024年11月

序二

为乡村经营播下一粒粒火种

近四年以来，我每年都有相当长的时间奔走在全国各地的乡村。在村里，和来自全国各地，甚至来自国际上的专家、学者、友人共同探讨腾讯助力乡村可持续发展的方法策略；在村里，了解年轻的乡村CEO、兴乡青年们参加培训、经营乡村的成效、方法，并给他们支招；在村里，与我的同事们、与当地的干部、与共创合作伙伴，共同讨论、推动共富乡村试点示范建设的探索实践。

这源于四年前，为落实"科技向善"的使命愿景，腾讯进行了第四次战略升级，将"推动可持续社会价值创新"纳入了公司的战略底座，并专门成立可持续社会价值事业部（SSV）进行助力重大社会议题解决的试点探索。我不但有幸参与这次战略升级的全过程，而且还负责了助力乡村发展的为村发展实验室。

说起"腾讯为村"，并不是这次战略升级才有的；说起助力乡村发展，更不是这次战略升级才有的。那需要回溯到23年前，2002年，处于初创期的腾讯，为广东清远的一所山区小学捐献了电脑，就此拉开了腾讯与乡村的缘分。从一开始向乡村捐款捐物，到后来派人挂职，再到近年来探索可持续、可复制的创新解决方案，我们深刻认识到"授人以渔"之于乡村的重要性。一个人就是一粒火种，一粒粒火种播下去，就是星星之火，可以燎原。从乡村人才培育的角度切入助力乡村发展，不仅关乎一个村庄的发展是否可以激发出内生动力，也关乎到好的数字工具是否可以真正发挥出作用，还关乎到社会共创如何更好地助力乡村振兴的可持续性。

在2021年成立SSV之前，我们在培养和服务乡村治理人才方面已经有了较为完善的经验，并一直运营着"腾讯为村数字公益平台"（即现在的"村级服务平台"），但对乡村经营及乡村经营性人才的培养还是认知有限。就是在这个时候，我们非常荣幸地结识了中国农业大学李小云教授及其团队。经过多次的交流和云南实地调研，我们的共识越来越接近，越来越有共同为乡村发展去探索和实践的欲望。于是，我们决定一起开展一场"浪漫的实践"。2022年1月，"中国农业大学－腾讯为村乡村CEO培养计划"（简称乡村CEO计划）第一期正式启动。在当地政府的支持下，我们在全国招收了50多名学员，经过一年的试验探索，形成了国内首套乡村CEO系统化培养方案，也验证了我们的设想。我们统计了其中31名学员所在经营主体的收入，从学员参加培训前的550万元增加到了培训后的3 700万元。

  乡村CEO计划一期给了我们很大的信心。在一期试验的基础上，我们就考虑要在一些地区搞在地化的试点。在地化的试点，不仅仅是培养，还得有招聘，我们提出了"培－聘"结合的地方制度化探索。也就是在这个时候，昭通、曲靖、昆明成为了试点地区，在2023年举办的乡村CEO计划二期的110名学员里，有60多名来自这三个地区，许多是在当地政府主导下为村庄招聘的乡村CEO，而且每个地区单独成班；也就是在这个时候，昭通学院、曲靖师范学院、云南农业大学加入了乡村CEO的培养网络。昭通学院率先成立了国内第一个培养乡村CEO的专门学院——中国乡村CEO学院，李小云教授被聘为院长，我有幸被聘为合作院长。在经历了乡村CEO计划二期的随班学习和参与教学管理后，学院的教职员工不但掌握了乡村CEO的系统化培养体系，还结合自身实际创新和丰富了更多的培养方法。在2024年的培养工作中，李小云教授和我，还有中国农业大学和腾讯公司，除了给予智力和数字化赋能上的支持，没有再直接参与到教学管理等具体工作中。不仅是在昭通，曲靖和昆明也都获得了较为扎实的制度化成果：曲靖师范学院成立了专门的乡村CEO培养学院，昆明市委农村工作领导小组专门印发了《昆明市强村富民乡村CEO培育实施方案》。据云南乡村振兴微信公众号文章报道，在乡村CEO机制带动下，2023年，昆明市1 401个行政村村级集体经济总收入50.91亿元，村集体经营性收入34.9亿元，均列云南省第一位。"培－聘"结合的地方制度化，为乡村经营性人才在地化储备了养料，种下了更多的火种，也带动村集体经济焕发出新的活力。

  乡村CEO生命力的迸发对激发乡村内生动力具有意义深远的创新价值，乡村CEO的招聘与培养也成为了各地推进乡村振兴的重要抓手。也就是在2023年，无论是在西部的云南、重庆、广西，还是在东部的浙江、广东，我们与越来越多的地方政府一起推动乡村经营性人才的培养，越来越多的村庄也聘上了乡村CEO。2024年，在农业农村部的指导下，中央农广校、中国农业大学、腾讯共同启动了面向全国的"万名乡村职业经理人培养计划"，首批选定在湖南、湖北、山东、陕西四省试点培训，将有更多的省出现乡村经营的火种。我们也注意到，除了我们直接参与的项目，越来越多的地方政府和社会力量也正在被催化、被感染，投入到了乡村CEO的培养中来，投入到乡村经营中来，乡村经营的生态正在蓬勃生长。截至2024年底，腾讯直接参与的乡村CEO培养项目，在各地政府的主导下覆盖到了17个省（自治区、直辖市）的309个县。

不仅在国内，乡村CEO培养的经验也正在成为中国减贫经验的组成部分，助力面向国际输出中国减贫经验、讲好中国减贫故事。2024年，作为中非合作论坛峰会的配套落地行动之一，中国农业大学、腾讯公司、坦桑尼亚姆祖比大学与乌干达马克雷雷大学商学院签署共建中非乡村青年创业促进研究院合作协议。作为研究院工作之一，"中国农业大学－腾讯为村非洲青年兴乡计划"在坦桑尼亚桑给巴尔和乌干达启动，首批20名非洲青年来到中国学习考察，作为火种将中国乡村经营的经验和案例带回非洲；中国农业大学和腾讯公司还共同发起了"乡村CEO英领计划"，首批15名中国乡村CEO赴日本学习，不仅是为了让乡村CEO拓展国际视野，更是为了持续引领探索乡村经营性人才培养的创新方案。

而从腾讯推动可持续社会价值创新的路径来看，我们不仅是提供了培训的部分资金支持；更为关键的是，腾讯的数字化链接能力正在为乡村CEO们链接知识、链接彼此、链接资源、链接市场带来了更多的可能。为了方便乡村CEO学习交流，我们上线了"共富乡村学堂"，目前注册用户超过了7万人，其中5万多人为培训项目的学员，人均学习时间达到了65分钟。学习平台大大降低了各地培训项目的成本、提高了培训效率、便捷了学员链接知识和链接彼此，从而激发内生动力和抱团发展。

我们看到，在数字化工具的加持下，不仅快速扩大了培训覆盖度，还让乡村CEO学员们带动村庄更加便捷地链接资源与市场。也就是说，那一粒粒火种正逐渐成为火苗，正在抱团发展，燃成一片、带动一片。乡村数字化经营作为特色培训模块广受学员们好评，特别是依托微信生态的视频号、微信小店等专项培训。例如，2024年12月至2025年3月开展的"乡村CEO秀云南"等直播实战培训，15场累计总场观达到42万人次；2024年12月至2025年2月开展的微信小店培训及实战活动，500名学员报名参加学习，开通近100个微信小店，上架1 000余款农产品，这些小店的总订单量达到48万多单。我经常会举乡村CEO计划一期学员黄金的例子，在学习过程中，他就联合班里的同学抱团发展，不但联合出资在成都和桂林成立了公司实体，还成立了"乡村CEO甄选"农产品电商服务平台，目前平台上就汇聚了全国乡村CEO学员所在110个村庄的600多款"土特产"，去年通过视频号直播、达人带货及微信小店等方式，实现了近160万元的营收。今年，他联合乡村CEO计划二期的几名学员，扎根在成都，正在探索多村抱团发展的乡村经营模式。还有一期学员廖志腾，在学习期间，就选择了和同样来自广西桂林龙胜的同学潘玉祥、潘德辉抱团发展，三人先共同在当地成立了自己的农文旅公司，通过微信视频号、微信小店、云认养小程序、云服务小程序等数字化工具逐渐从串起6村到串起15村，与超过20名乡村CEO人才抱团发展，创新当地"土特产"组合销售、农文旅业态线路化经营。而在重庆酉阳何家岩村，这个我们为了验证观察乡村 CEO 培养效果，探索总结出"机制＋人才＋数字化"内生型系统性共富乡村建设解决方案的第一个示范村，建设之初的 2021 年，村集体经济收入不到 100 万元，在乡村 CEO 团队与项目专班的共同努力下，村集体经济收入增加到 2022 年的 479 万元，2023 年攀升至 699 万元，2024 年突破了 700 万元。更为可喜的是，何家岩共富乡村模式已被当地政府主导复制到全县 50 个村。

为乡村经营播下一粒粒火种，任重道远，注定是一件难而正确、需抱有长期主义决心的事，需要更多培养机构具备专业的培养能力，需要各级政府及各类服务主体共同形成一个服务乡村 CEO 的生态圈。非常欣喜的是，云南昭通学院"中国乡村 CEO 学院"又快走、早走了一步，结合这两年的教学管理实践，组织编写了《乡村 CEO 职业素养》《乡村 CEO 沟通实务》《乡村 CEO 法律实务》《乡村企业市场营销》《乡村企业库存管理》和《乡村企业财务管理》等一套系列图书，相信这套丛书不仅对乡村 CEO 有极强的学习实操价值，并且对培训机构研究和借鉴乡村 CEO 培养具有很强的参考价值。

是为序。

2025 年 1 月于北京

前言

乡村振兴为乡村企业发展带来了充足的发展机会。乡村企业是推动农村产业振兴与持续发展的重要力量，是吸收农村劳动力、提升农民收入的重要保障。乡村企业，主要包括农业生产加工企业、农村旅游企业、农村电商企业等。目前乡村企业经营管理人才紧缺，严重制约了乡村企业的进一步发展壮大。为此，2019年人力资源和社会保障部等部门正式把乡村CEO作为一种新的职业，旨在把经理人概念引入乡村，将经理人发展为乡村职业经理人或乡村运营师，从而帮助乡村提升经济活力和经营管理水平。作为强农惠农富农的重要职业角色，乡村CEO主要是作为农村集体经济和乡村企业服务的乡村职业经理人。为了帮助乡村CEO更好地经营乡村集体经济和乡村企业，有效解决乡村农特产品在加工、流转、销售等过程中的库存管理问题，有必要在乡村CEO培训中开设乡村企业库存管理课程。但目前市面上缺乏专门适用于乡村CEO的库存管理教材，因此昭通学院乡村CEO学院安排康道坤、吴徐等组成课题组，共同编写教材《乡村企业库存管理》，以便学员和有关读者了解和学习乡村企业库存管理的有关理论和知识。

本书较系统地讲述了库存管理制度、仓储管理、仓储业务流程、库存控制技术、仓库安全管理、信息技术与仓库管理等基础理论。为了提高对相关内容的理解掌握，各项目提供了相应的学习目标、项目小结，并提供了精心设计的导入案例及习题与实训。

本书由昭通学院管理学院康道坤（教授）、吴徐（昭通学院中国乡村CEO学院高级导师、注册会计师）、王芳（昭通学院中国乡村CEO学院高级导师、注册会计师）、李朝敏（昭通市航空旅游集团财务总监、注册会计师、副高级会计师、注册税务师、云南省第三期会计领军人才）、王翀（昭通学院管理学院教师）共同编写完成。全书共八个项目，其中项目一、三、四由康道坤编写；项目五、六由吴徐编写；项目七由王芳编写；项目二由李朝敏编写；项目八由王翀编写。

本书在编写过程中参阅了大量的著作、文献，引用了一些专家学者的研究成果，在此对这些文献的作者表示诚挚的谢意。本书的编辑出版得到了中国农业科学技术出版社的大力支持，特别是编辑任玉晶老师付出了辛勤的劳动，一并表示感谢。由于编者水平和编写时间的限制，难免有疏漏乃至错误之处，恳请各位领导、专家、学员及有关读者批评指正。

编　者

2024 年 11 月

目 录

项目一　乡村企业库存管理概述 …………………………………………… 1
　　任务一　乡村企业的概念 …………………………………………………… 1
　　任务二　库存管理概述 ……………………………………………………… 8

项目二　库存管理制度 ……………………………………………………… 17
　　任务一　明确库存管理风险点 …………………………………………… 17
　　任务二　建立健全库存管理制度 ………………………………………… 25

项目三　仓储管理 …………………………………………………………… 30
　　任务一　仓储管理概述 …………………………………………………… 30
　　任务二　仓库规划与设计 ………………………………………………… 40
　　任务三　仓储质量管理 …………………………………………………… 51

项目四　仓储业务流程 …………………………………………………… 58
　　任务一　物品入库业务 …………………………………………………… 58
　　任务二　物品在库业务 …………………………………………………… 66
　　任务三　物品出库业务 …………………………………………………… 77
　　任务四　物品盘点业务 …………………………………………………… 82

项目五　库存控制技术 …………………………………………………… 87
　　任务一　库存控制概述 …………………………………………………… 87
　　任务二　ABC 库存控制技术 …………………………………………… 94
　　任务三　定量订货法 ……………………………………………………… 99

任务四　定期订货法 ……………………………………………………… 104
　　任务五　JIT 库存控制技术 ……………………………………………… 107
　　任务六　MRP 库存控制技术 …………………………………………… 111

项目六　供应链环境下的库存控制 ………………………………………… 117
　　任务一　供应链管理环境下的库存问题 ………………………………… 117
　　任务二　供应商管理库存 VMI 管理系统 ……………………………… 120
　　任务三　联合库存管理 …………………………………………………… 122
　　任务四　多级库存优化与控制 …………………………………………… 124

项目七　仓库安全管理 ……………………………………………………… 127
　　任务一　仓库安全管理基础知识 ………………………………………… 127
　　任务二　仓库安全管理实施要点 ………………………………………… 132
　　任务三　仓库安全检查与应急处理 ……………………………………… 138

项目八　信息技术与仓库管理 ……………………………………………… 145
　　任务一　认知信息技术及信息系统 ……………………………………… 145
　　任务二　仓库管理新内涵 ………………………………………………… 151
　　任务三　仓库管理信息技术 ……………………………………………… 157

项目一　乡村企业库存管理概述

学习目标

理解乡村企业的含义，了解乡村企业的发展现状、乡村企业的特点、乡村企业的优势与面临的挑战、乡村企业相关的政策支持、乡村企业未来的发展趋势。

理解企业库存管理的基本概念，了解企业库存的作用、分类方法以及企业库存的功能，了解 ABC 库存管理法、JIT 库存管理法、MRP 库存管理法等库存管理方法。

通过以上学习目标的实现，学习者将对乡村企业库存管理有较全面的认识，明确抓住乡村振兴带来的发展契机，立足乡村企业自身的发展优势，吸收农村劳动力，提升农民收入的重大意义。

任务一　乡村企业的概念

一、乡村企业的含义

乡村企业，是指在乡村设立和运营的各类企业，主要包括农业生产加工企业、农村旅游企业、农村电商企业等。乡村企业作为乡村经济的重要组成部分，对于推动农村经济发展、为农民提供就业机会、提高农民收入、促进农村社会进步具有重要意义。

二、乡村企业的发展现状

近年来，随着国家政策的支持和市场需求的变化，乡村企业得到了长足的发展。目前，乡村企业涵盖了农业生产、农产品加工、农村旅游、农村电商等多个领域，呈现出多元化的发展态势。

我国乡村企业的发展为乡村振兴注入了强大动力。乡村企业包括 3 种类型：一是由农民在乡（镇）村兴办的个人独资企业和合伙企业；二是返乡下乡新农民创办的个人独资企业、合伙企业和工商资本在乡村创办的各类企业；三是乡村集体企业通过改制而成的各类混合所有制企业。

乡村企业拓展了农村经济发展空间。乡村民营企业从"五小"工业（小钢铁、小煤矿、小机械、小水泥、小化肥）到建筑建材、一般制造业、特色优势型产业，为农村和小城镇培养了一大批市场主体。

乡村企业建立了"补农、建农、带农"新机制，坚持以工补农、建农、带农，每年承担以工补农、建农和大量社会性支出资金。乡村民营企业开辟了城乡融合发展的新路子，从"跑单帮、唱独角戏"到与农户"抱团"闯市场。在乡村建原料基地，发展公司化村庄，挖掘乡土文化和农业多功能性，促进农村一二三产业融合发展，带动返乡农民工、大中专学生、退役军人和科技人员到乡村创新创业，促进城乡要素双向流动、平等交换。

乡村企业具有显著的乡土性和内生性，在服务"三农"的实践中功能和作用更直接、更突出，在实施乡村振兴战略和实现农业农村现代化中的地位更重要、更明显。

三、乡村企业的特点

（1）产业多样性。乡村企业的经营范围广泛，涉及农业、旅游、餐饮、制造等多个领域，形成了多样化的产业结构。

（2）创新驱动。乡村企业注重技术创新和模式创新，比如利用物联网、无人机、传感器等技术，实现农田监测、病虫害预警、精准施肥等智能化管理，提高农业生产效率和质量；应用大数据、人工智能等技术，实现农业生产的精准化、智能化和高效化；引进新技术、新设备，不断提高农产品质量和生产效率。

（3）地域特色。不同地区的地理气候条件、生产方式、作物种类等都有较大差异，因此乡村企业可以充分发挥地域特色和文化优势，打造独具特色的产品和服务，吸引大量消费者和游客。

（4）就业机会。乡村企业经营范围广，许多领域都属劳动密集型行业，为农村地区提供了丰富的就业机会，吸引了一大批外出务工农民返乡就业。

（5）农民增收。乡村企业的兴起，扩大了农民的就业渠道，拓展了农民增收的途径，增加了农民的直接收入。

（6）企业文化。

①本土化。乡村企业文化具有本土化的特点，即企业文化与当地的文化传统和社会习惯相结合，体现出地域特色和文化特征。

②人情味。乡村企业文化注重人情味，即注重人与人之间的关系，强调人情、人情味和人情关怀，体现出人性化的管理理念。

③创新性。乡村企业文化具有创新性的特点，即注重创新和变革，鼓励员工创新思维和创新行为，推动企业不断发展和壮大。

④团队合作。乡村企业文化注重团队合作，即强调员工之间的协作和合作，鼓励员工共同努力，实现共同目标。

四、乡村企业的优势与面临的挑战

1. 优势

（1）促进农民就业增收。乡村企业为农民提供了大量的就业机会，特别是在农村地区，村民通过创办企业实现了就近就业，增加了家庭收入。乡村企业多为劳动密集型产业，能够吸纳大量农村劳动力，有效促进了农民的就业和增收。

（2）带动农村经济发展。乡村企业的发展不仅为农民提供了就业机会，还带动了农村经济的发展。比如，有的乡村企业通过承接小型工程建设、开发旅游项目等方式，促进了当地经济的发展，增加了村集体收入。乡村企业通过延伸产业链条、开发农业多种功能，提高了农业附加值，促进了农村经济的多元化发展。

（3）促进城乡融合发展。乡村企业通过连接城乡资源，促进了城乡之间的要素流动。比如，有的乡村企业与国有企业合作，实现了资源的有效整合，推动了城乡之间的合作与发展。乡村企业还通过吸纳城市人才、技术等资源，提升农村的发展水平，促进了城乡之间的融合。

2. 挑战

（1）资源有限。乡村地区的资源相对有限，包括土地、水资源等，限制了乡村产业的发展空间。

（2）技术和人才短缺。乡村地区的技术和人才相对匮乏，制约了乡村产业的技术创新和发展。

（3）市场竞争压力大。乡村产业面临着市场竞争的压力，需要面对城市产品的竞争和市场需求的变化。

（4）企业内部问题。一是家族式管理，封闭式要素集聚。乡村企业现代企业制度和现代产权制度建设滞后，一些企业实行封闭式的家族式、家长式管理，阻碍了外来资源要素的进入，对于各类人才缺乏吸引力，形不成技术、经营和管理团队。二是粗放式增长，产业集中度低。乡村企业技术装备水平平均比发达国家落后10多年，企业平均耗电量、耗水量比发达国家高2～3倍，大部分企业尚未采用国际质量标准。95%以上乡村企业都是中小微企业，只有少数乡村产业聚集在各类园区。三是趋同性结构，品牌杂而不亮。"原字号""粗字号""初字号"的货品居多，普遍产品单一，缺乏小众类、精准化、中高端产品，形不成完整的产业链条，处在价值链低端，品牌溢价、规模溢价、科技溢价都十分有限。

（5）企业外部问题。一是提供融资担保方面出现"一边倒"。银行金融业机构对

"国字号""城字号""大字号"企业和"乡字号""民字号""小字号"企业贷款时不能一视同仁，出现"垒大户"现象，而70%的乡村中小微企业普遍贷不到款。二是在降低成本减轻负担中出现"打折扣"。一些地方和部门对中央减税降费措施没有不折不扣落实到企业，特别是对中小微企业、科技型企业的普惠税收政策不落实。三是政策落实上出现"中梗阻"。一些优惠政策操作性不强，企业"看得见摸不着"。

五、乡村企业相关的政策支持

国家对乡村企业给予了一定的政策支持，如税收优惠、财政补贴、金融支持等，这些政策为乡村企业的发展提供了有力的保障。

1. 增强促进乡村企业发展的责任感

推进乡村企业走向更加广阔的舞台。发挥乡村企业与农业、农村、农民利益联结紧密的优势，推动传统优势转变为现代优势、潜在优势转变为现实优势，推动现代农业产业体系、生产体系、经营体系的构建，带动农业高质量发展。

2. 创造性落实支持乡村企业发展的政策措施

落实落细企业用地政策，积极推动建设用地指标向县以下乡村产业发展倾斜，安排一定比例土地用于专项支持农村新产业新业态和产业融合发展。引导农村集体经营性建设用地、农村闲置宅基地、村办集体厂房、农业生产与村庄复合用地及"四荒地"重点用于支持乡村企业发展。落实落细财税金融政策，落实初级农产品免征增值税、综合利用产品增值税即征即退、出口退税、研发费用加计扣除以及加速折旧等优惠政策，进一步扩大农产品增值税进项税额核定扣除试点范围。建立多层次风险缓释措施和风险分担机制。推动地方出台财政奖补、税收地方留成部分"先征后返"等政策，支持乡村企业发展。落实落细人才政策，畅通智力、技术、管理下乡返乡通道，支持建立奖励资金和创业融资资金，吸引各类人才创办乡村企业。建立健全科研人员校企、院企共建双聘机制，支持科技人员以科技成果入股乡村企业，实行股权分红等激励措施。

3. 加强乡村企业家队伍建设

加强对乡村企业家的培训，全面提升乡村企业家发现机会、识别市场、整合资源、创造价值、回馈社会的能力。发挥乡村企业家示范作用，宣传推介全国优秀乡村企业家典型，鼓励乡村企业家对接粮食生产功能区、重要农产品生产保护区和特色农产品优势区及农业产业园、科技园、创业园建设。

4. 营造乡村企业发展的良好环境

提供精准贴心服务，优化面向乡村企业服务项目的办事流程，推进窗口单位精准服务。激发创新创造活力，积极开展科企对接活动，支持乡村企业牵头申报国家科研项目，组织开展创新创业项目创意大赛，对接资源要素。保护企业合法权益，建立完善涉农企业收费、监督检查等清单制度，清理涉农企业收费、摊派事项和各类达标评比活动。

5. 引导乡村企业担当重任

鼓励乡村企业把绿色发展作为根本要求，提供更多优质生态产品，打造生态宜居新家园。引导乡村企业传承农耕文明，提高中高端乡村休闲旅游产品供给能力，为乡风文明树立新风尚。引导乡村企业吸引城镇人才、资源、产业向乡村汇聚，将资源要素、人气人脉留在农村，为治理有效探索新模式。引导乡村企业与农民合作社和家庭农场等新型农业经营主体紧密合作，让农民在乡村企业发展中同步发展、同步收获、同步富裕。

六、乡村企业未来的发展

随着国家政策的支持和市场需求的变化，乡村企业未来将呈现出规模化、产业化、现代化、品牌化、电商化的趋势。作为农村经济发展的重要形式，乡村企业应该注重构建科学的发展战略，明确自身的发展目标，稳步有序实现可持续发展，更好地增进自身的核心竞争力，真正为农村社会经济发展与乡村振兴带来发展活力。

1. 牢固树立科学的市场意识

在乡村振兴战略的科学导向下，积极推动乡村企业发展，注重从思想意识方面进行提升，积极营造良好的发展氛围和空间，确保乡村企业能够健康高质量发展。在乡村企业的发展过程中，良好且科学的市场意识，不仅能够促使乡村企业更好地把握发展方向，还能够引领其灵活把握好市场信息，快速调整自身的发展策略，精准布局高效调控，最大程度提升自身的发展竞争力。一方面，乡村企业应该注重着力转变自身的发展理念，改变过去单一化的发展思路，借着乡村振兴的东风，不断寻求新的发展突破，积极寻找全新的发展思路，更好地提升自身的发展质量。乡村企业要随时关注市场信息，紧密把握好瞬息万变的市场情况，以便能够更好地把握好供求之间的关系，有效增进和提升自身的整体发展水平。另一方面，在乡村振兴的背景下，乡村企业还应着力开展广泛的宣传教育。为提高人们的思想认识，应充分借鉴优秀的发展经验，积极立足于自身的发展特征，科学进行创新利用。在提升村民思想认识的过程中，完全可以将现实案例或者优秀发展经验成果等展示给村民，引领他们认识到市场的发展导向，不断增进和提升他们的市场意识，更好地优化他们的市场认识。

2. 积极把握产业融合发展方向

对于乡村企业而言，在乡村振兴的背景下，要始终保持科学的发展方向，要不断整合自身的发展优势，积极推动产业融合，以更高的发展姿态来提高自身的发展水平，以全方位的发展视角来实现高质量发展。鉴于此，乡村企业应该充分关注产业融合，积极把握好科学的融合方向。可以说，乡村产业融合的方向，是保障乡村深度融合的重要立足点，是推动乡村高效融合的科学导向。首先，要着力推动服务业向农业渗透。农业仍然是乡村地区的主导产业。在发展服务业、旅游业等过程中，要充分利用好乡村地区丰富的农林牧自然景观与生产实践等，大力发展观光农业。观光农业的大力发展，无疑能够为乡村农业提供广阔的发展潜能，也能够在很大程度上满足乡村居民的精神文化需要。特别是当通过观光农业吸引大量的城市人口进入农村地区旅游时，就能够为乡村企业提供源源不断的市场机会，为乡村社会经济发展提供重要的发展动能。其次，要实现技术向产业融合发展倾斜。在互联网技术深入快速发展的背景下，在农业生产技术飞速发展的进程中，越来越多的技术同农业产业进行了高效融合。在这样的背景下，乡村企业要立足于自身发展特色，不断运用新型的技术手段，充分依托于科学的技术条件，着力解决产业融合中技术运用不足的问题。另外，乡村企业还应将创意产业等与自身优势结合起来，不断发挥广大农村居民的聪明才智，大力推动创意产业的发展。要实现乡村产业深度融合，就必须大力发展特色农业，创意农业，不断增加农业附加值，不断加大农业发展力度。

3. 以技术和资金双投入实现企业的转型发展

在乡村企业深入快速发展的进程中，为顺应乡村振兴战略导向，有必要实现转型化发展。在乡村企业转型发展的进程中，技术与资金是重要的发展双翼。只有建立在科学的技术与资金投入的基础之上，乡村企业才具备较为完善系统的物质条件，乡村产业融合才能够实现大发展与大迈进。一方面，乡村企业要广泛寻求多元化的发展资金，不断改进自身的发展技术，着力实现技术变革与创新发展，更好地武装自身的发展模式。如乡村企业可以同其他优势企业展开合作，共享这些企业优势的发展技术，优势企业可以利用乡村企业相对低廉的房屋租金以及劳动力等，这样就能够实现双赢的发展目标。尤其是信息技术与智能技术，已经成为推动乡村企业高效发展的关键力量。另一方面，乡村企业在快速发展的过程中，还应该积极寻求政府部门的宏观引领和政策倾斜。资金是保障乡村产业融合的物质前提。在实践过程中，乡村企业除寻求政府帮助，充分运用政府部门的专项资金外，还可以充分利用政策优势，积极寻求多元化的资金扶持，如信用贷款、小农贷款、贴息贷款等。

4. 科学培育新型职业农民

在乡村企业快速发展的进程中，农民是重要的发展主体。他们的专业素养、发展视野等，都关系着乡村企业的整体发展质效，关系着乡村振兴战略的落地实施。为此，在实践过程中，乡村企业应该着力培育新型职业农民。在工作实践中，除依托职业院校来开展系统全面的职业教育外，也要发挥好政府部门的引导作用。当然，乡村企业要着力为广大农民提供广泛而多元的职业能力提升空间与平台等，要为企业自身的员工提供培训与发展的机会，让他们能够更好地投身于工作实践中。当然，乡村企业还可以寻求政府部门的帮助，由政府部门组织行业企业专家等深入农村地区，来为广大农村居民提供家门口的培训教育服务，在增进和提升广大农村居民的思想素质、提升广大农村居民的觉悟和认识的同时，也能够确保他们掌握高效且科学的技术条件，更好地为乡村企业服务。

总之，乡村振兴战略为乡村企业的高质量发展提供了明确的发展目标，也为乡村企业发展带来了广阔的发展平台。乡村企业应牢固树立市场意识，不断推动产业融合，积极增加技术与资金投入，科学提升农民素养。

任务二 库存管理概述

一、库存管理的概念及作用

1. 库存管理的概念

库存管理是指在物流过程中对商品数量进行管理，旨在保障供应的前提下，以实现库存物品的数量最少和周转最快为目标，所进行的计划、组织、协调和控制。库存管理不仅涉及仓库或库房的布置、物料运输和搬运以及存储自动化等管理，还包括对库存项目的计划与控制，目的是支持生产运作。库存管理在物流管理中占据核心地位，因为它涉及企业所有物料的数量、地点、质量等方面的跟踪和管理，包括原材料、零部件、在制品、半成品及产成品等。

2. 库存管理的主要作用

（1）防止缺货，保证生产的计划性和平稳性，避免或消除销售波动。

（2）保证适当的库存量，节约库存费用，降低物流成本。

（3）展示和储备功能，确保企业能够快速响应市场变化，满足客户需求。

（4）优化库存水平，提高订单履行率，促进按计划生产工作，并改善运营现金流。

（5）帮助企业准确且及时洞察库存水平、补货计划和订单履行率。这些与客户体验息息相关。

（6）通过合理组织仓库内作业活动提高搬运装卸效率，减少保管、装卸等费用支出。

（7）科学地管理库存可规避因产品更新换代或市场需求变化带来的风险。

（8）提高顾客满意度，确保企业能够在激烈的市场竞争中保持竞争优势。

二、库存管理的内容及目标

1. 库存管理的内容

企业库存管理的内容主要包括库存数量管理、库存成本管理、库存品质管理、库存位置管理、库存流转管理、库存跟踪与监控、入库管理、出库管理、货位管理、安全库存管理、质量管理、盘点与调整、报表与数据分析、供应链协同和滞销库存处理。

（1）库存数量管理涉及对库存数量的计算、统计和跟踪，确保库存数量的准确性和真实性，并根据销售预测和生产计划等信息，对库存数量进行科学地预测和规划。

（2）库存成本管理包括对库存成本的计算、分析和控制，通过定期核算和分析库存成本，确保库存成本的合理性和可控性。

（3）库存品质管理包括库存品质的检查、监控和管理，确保库存品质的稳定和可靠，对不合格的库存进行及时处理和清理。

（4）库存位置管理涉及对库存位置的标识、存储和管理，通过科学的规划和管理确保库存位置的合理和便捷。

（5）库存流转管理包括对库存流转的计划、监控和管理，确保库存流转的顺畅和安全。

（6）库存跟踪与监控，是指实时监控和跟踪仓库中各类物资的数量和状态，确保库存数据的准确性和及时性。

（7）入库管理和出库管理分别管理所有物资的入库流程和出库流程，确保入库和出库操作的准确性。

（8）货位管理是指对仓库内的货物进行分类和存放，确定每个货物的具体存放位置。

（9）安全库存管理是指确定合理的安全库存水平，以应对突发情况和避免库存短缺。

（10）质量管理是指对仓库中的货物进行质量监控，确保货物符合质量标准。

（11）盘点与调整是指定期对库存进行盘点，核实实际库存与系统记录的差异，并进行相应的库存调整。

（12）报表与数据分析帮助企业了解库存状况、销售趋势等数据。

（13）供应链协同确保库存与供需之间的平衡，避免库存过剩或短缺。

（14）滞销库存处理是指对滞销和过期库存进行处理，通过促销或其他方式降低库存风险。

2. 库存管理的目标

库存管理的目标是实现公司的盈利最大化和成本最低化。具体来说，库存管理的目标包括以下五方面。

（1）避免库存过高。库存过高会导致资金长时间被占用在库存中，增加了公司的资金成本，同时还可能导致产品过期、损坏或过时。库存管理的目标之一是避免库存过高，确保库存水平与市场需求相适应。

（2）避免库存过低。库存过低会导致无法及时满足客户需求，影响客户满意度，甚至可能丧失销售机会。因此，库存管理的目标之一是确保库存水平足够满足客户需求，减少缺货风险。

（3）提高库存周转率。库存周转率是衡量库存管理效果的重要指标。提高库存周转率可以减少资金占用在库存中的时间，降低资金成本，并使公司更灵活地应对市场的需求变化。

（4）减少库存损耗。库存管理的目标之一是减少库存的损耗，包括损坏、过期、丢失等。通过加强对库存的监管和管理，采取合理的仓储和保管措施，可以有效降低库存损耗，减少不必要的损失。

（5）降低库存成本。库存成本包括购置成本、仓储成本、保险费用、报废费用等。库存管理的目标之一是通过优化供应链，优化订货策略，控制库存水平，降低库存成本，提高企业的盈利能力。

三、如何进行有效的库存管理

（1）引入先进的库存管理系统。借助现代科技手段，如物联网、大数据等，实现库存数据的实时更新与监控，提高库存管理的效率和准确性。

（2）优化采购策略。根据市场需求和库存状况，制订合理的采购计划，确保采购的货物既能满足销售需求，又能避免库存积压。

（3）实行定期盘点。定期对库存进行盘点，确保库存数量、品种与实际相符，及时发现并解决库存问题。

（4）加强员工培训。提高员工对库存管理的认识，培养员工良好的库存管理习惯，确保库存管理的顺利实施。

四、库存管理的对象和管理方式

（一）库存管理的对象

库存管理的对象是库存项目，即企业中的所有物料，包括原材料、零部件、在制品、半成品及产成品，以及起辅助作用的物料。通过科学合理的库存管理，在供、需之间建立缓冲区，以缓和用户需求与企业生产能力之间、最终装配需求与零配件之间、零件加工工序之间、生产厂家需求与原材料供应商之间的矛盾。保证生产正常、连续、稳定进行，保质保量地满足客户需求，维护企业声誉，巩固市场占有率。

（二）库存管理的三种方式

1. 供应商管理库存（VMI）

最近几年，供应商管理库存（Vendor Managed Inventory，VMI）在商品分销系统中使用越来越广泛，有学者认为这种库存管理方式是未来发展的趋势，甚至认为这会导致整个配送管理系统的革命，支撑这种理念的理论非常简单：通过集中管理库存和各个零售商的销售信息，生产商或分销商补货系统就能建立在真实的销售市场变化的基础上，能够提高零售商预测销售的准确性、缩短生产商和分销商的生产和订货提前期，在连接供应和消费的基础上优化补货频率和批量。

2. 客户管理库存（CMI）

客户管理库存（Customer Managed Inventory，CMI）是一种和 VMI 相对的库存控制方式，配送系统中很多人认为，按照和消费市场的接近程度，零售商在配送系统中最接近消费者，在了解消费者的消费习惯方面最有发言权，因此应该是最核心的一环，库存自然应归零售商管理。持这种观点的人认为，配送系统中离消费市场越远的成员就越不能准确地预测消费者需求的变化。

3. 联合库存管理（JMI）

联合库存管理（Jointment Managent Inventory，JMI）是介于供应商管理库存和客户管理库存之间的一种库存管理方式，顾名思义，就是由供应商与客户共同管理库存，进行库存决策。它结合了对产品的制造更为熟悉的生产或供应商以及掌握消费市场信息并能对消费者消费习惯做出更快更准反应的零售商各自的优点，因此能更准确地对供应和销售做出判断。在配送系统的上游，通过销售点提供的信息和零售商提供的库存状况，供应商能够更加灵敏地掌握消费市场变化，销售点汇总信息使整个系统都能灵活应对市场趋势。在系统另一端，销售点通过整个系统的可视性可以更加准确地控制资金的投入和库存水平。通过在配送系统成员中减少系统库存、增加系统的灵敏度。由于减少了需求的不确定性和降低了应对突发事件所产生的高成本，整个系统都可以从中获益。在 JMI 环境下，零售商可以从供应商那里得到最新的商品信息以及相关库存控制各种参数的指导或建议，但是由于是独立的组织，零售商同样需要制定自己的库存决策。

拓展阅读

库存管理的 1.5 倍原则

存货周转

五、库存管理的日常业务

（1）采购入库单。采购入库单一般指采购原材料验收入库时，所填制的入库单据，企业运营中一般指商品进货入库时，填制的入库单。采购入库单是企业入库单据的主要部分，也是日常业务的主要原始单据之一。

（2）材料出库单。材料出库单是企业领用材料时，所填制的出库单据。材料出库单是企业出库单据的主要部分，也是进行日常业务处理和记账的主要原始单据之一。

（3）产成品入库单。产成品入库单是指产成品验收入库时，所填制的入库单据。产成品入库单是企业入库单据的主要部分。

（4）销售出库单。销售出库单是指产成品销售出库时所填制的出库单据。销售出库单是企业出库单据的主要部分，也是进行日常业务处理和记账的主要原始单据之一。

（5）其他入库单。企业的其他入库单是指除采购入库、产成品入库之外的其他入库业务的单据，如调拨入库、盘盈入库、形态转换入库等业务形成的入库单。

（6）其他出库单。企业的其他出库单是指除销售出库、材料出库之外的其他出库业务的单据，如调拨出库、盘亏出库、形态转换出库单等。

（7）调拨。管理仓库间的实物转移和分销意义上的仓库分配、调拨业务，属转移事务类型。

（8）形态转换。某种物品在加工或存储过程中，由于加工或环境的原因，使其形态和名称发生变化，这时需处理形态转换业务，调整库存账。

（9）反冲。对于生产环节在制品及不入库半成品业务，系统按照产品结构管理实现原材料与在制品、半成品对冲处理功能，实现产品的在制品、半成品管理。

（10）盘点单。在日常物品收发、保管过程中，由于计量错误、检验疏忽、管理不善、自然损耗、核算错误等原因，有时会发生物品的盘盈、盘亏和毁损现象，从而造成物品账实不相符。为了保护企业流动资产的安全和完整，做到账实相符，企业必须对物品进行定期或不定期清查。确定企业各种物品的实际库存量，并与账面记录相核对，查明物品盘盈、盘亏和毁损的数量以及造成的原因，并据以编制物品盘点报告表，按规定程序，报有关部门审批。

六、两种供应链库存管理方法

1. 供应商管理库存

供应商管理库存（VMI）系统，有时也称为"供应商补充库存系统"，是指供应商在用户的允许下，管理用户的库存，由供应商决定每一种产品的库存水平和维持这些库存水平的策略。在采用 VMI 情况下，虽然零售商的商品库存决策主导权由供应商把握，但是，在店铺的空间安排、商品货架布置等店铺空间管理决策方面仍然由零售商主导。VMI 是建立在零售商-供应商伙伴关系基础上的供应链库存管理方法，它突破了传统的"库存是由库存拥有者管理"的模式，不仅可以降低供应链的库存水平，降低成本，还能为用户提供更高水平的服务，加速资金和物资周转，使供需双方能共享利益，实现双赢。

VMI的特点一方面是信息共享，零售商帮助供应商更有效地做出计划，供应商从零售商处获得销售点数据并使用该数据来协调其生产、库存活动以及零售商的实际销售活动；另一方面供应商完全管理和拥有库存，直到零售商将其售出为止，但是零售商对库存有看管义务，并对库存物品的损伤或损坏负责。

2. 联合库存管理

联合库存管理（JMI）是建立在经销商一体化基础之上的一种风险分担的库存管理模式。它与VMI不同，它强调双方同时参与，共同制订库存控制计划，使供需双方能相互协调，使库存管理成为供需双方连接的桥梁和纽带。

联合库存管理是由制造商安装一个基于计算机的信息系统，把各个经销商的库存通过该系统连接起来，每个经销商可以通过该系统查看其他经销商的库存，寻找配件并进行交换。同时，经销商们在制造商的协调下达成协议，承诺在一定条件下交换配件并支付一定报酬，这样，就可以使每个经销商的库存降低，服务水平提高。

实行联合库存管理有很多优点，对于经销商来说，可以建立覆盖整个经销网络的库存池，一体化的物流系统，不仅能使经销商的库存更低，使整个供应链的库存更低，而且还能快速响应用户需求，更有效快速地运输配件，减少了因缺货而使经销商失去销售机会的情况，提高了服务水平；对于制造商来说，经销商比制造商更接近客户，能更好地对客户要求做出更快的响应，并为购买产品安排融资和提供良好的售后服务，使制造商能集中精力，搞好生产，提高产品质量。

七、库存量管理模型的分类

针对不同的生产和供应情况，采用不同的库存量管理模型，主要有以下三类。

1. 按订货方式分类

（1）定期定量模型：订货的数量和时间都固定不变。

（2）定期不定量模型：订货时间固定不变，而订货的数量依实际库存量和最高库存量的差别而定。

（3）定量不定期模型：当库存量低于订货点时就补充订货，订货量固定不变。

（4）不定量不定期模型：订货数量和时间都不固定。

以上四种模型属于货源充足、随时都能按需求量补充订货的情况。

（5）有限进货率定期定量模型：货源有限制，需要陆续进货。

2. 按供需情况分类

按供需情况可分为确定型和概率型两类。确定型模型的主要参数都已确切知道；概率型模型的主要参数有些是随机的。

3. 按管理目的分类

按管理目的可分为经济型和安全型两类。经济型模型的主要目的是节约资金，提高经济效益；安全型模型的主要目的则是保障正常的供应，不惜加大安全库存量和安全储备期，使缺货的可能性降到最小限度。

库存管理的模型虽然很多，但库存量管理的原则是综合考虑各个相互矛盾的因素，以求得较好的经济效益。

八、库存管理的常用方法

1. ABC 库存管理方法

为了使有限的时间、资金、人力、物力等企业资源能得到更有效的利用，应对库存物资进行分类管理和控制，将管理的重点放在重要的库存物资上，即依据库存物资重要程度的不同，以某类库存货物品种数占物资品种数的百分比和该类物资金额占库存物资总金额的百分比大小为标准，将库存物资分为 A、B、C 三类进行分级管理。分类的标准可以是货物的年消耗总量、重要性以及保管要求等，具体划分标准及各类物资应占的比重并没有统一及严格的规定，要根据各企业各仓库的库存品种的具体情况和企业经营者的意图来确定。对 A 类物资应进行重点管理，对 B 类物资按常规进行管理，对 C 类物资则实行粗放式管理。

2. CVA 库存管理法

CVA 库存管理法又称为关键因素分析法，是将库存物品按关键程度分类，并针对不同的类别采取相应的管理策略，以优化资源配置并降低成本的方法。CVA 库存管理法比 ABC 库存管理法有更强的目的性。在使用中，不要确定太多的高优先级物品，因为如果确定太多的高优先级物品，结果是哪种物品都得不到重视。在实际工作中可以把两种方法结合使用，效果会更好。

3. JIT 库存管理法

JIT 是 Just in time 的缩写，可译为"适时"或"准时"。如将其与库存管理和生产管理联系起来，则为"准时到货"之意。JIT 由日本的丰田汽车公司在 20 世纪 60 年代后期成功地应用而使之成为闻名于世的先进管理体系。1973 年以后，这种库存管理方式对丰田公司度过第一次能源危机起到了突出的作用，后引起其他国家生产企业的重视，并逐渐在欧洲和美国的日资企业及当地企业中推行开来。现在，这一方式与源自日本的其他生产、流通、管理方式一起被西方企业称为"日本化模式"。近年来，JIT 不仅作为一种生产模式，同时也作为一种物流模式在欧美及其他地区物流界得到推广。其核心是追求一种尽可能低库存的生产系统，出发点是减少或消除从原材料投入到产成品的产出全过程中的库存及各种浪费，建立起更平滑而有效的生产过程。

4. MRP 库存管理法

MRP 是 Material Requirement Planning 的缩写，译为"物料需求计划"，主要用于制造企业的计划生产。由于属于材料和零部件的物品被最终产品耗用，故零部件的库存水平可根据最终产品的需求量来得出，所以，MRP 是一种派生的订货管理系统。该方法最早由美国的生产与计算机应用专家欧·威特和乔·伯劳士在 20 世纪 60 年代提出，由于该方法是生产管理专家在结合生产经验和计算机数据处理优势的基础上研制的，方法简单且对大多数制造类企业很有效，因而得到美国生产与库存管理协会的大力推广，并很快传播到日本、西欧地区。MRP 根据最终产品或主要装配件的计划完工日期，来确定各种零部件和材料需要订购的日期和数量。因此，MRP 既是一种精确的排产系统，又是一种有效的物料控制系统。其目标是将库存量保持在最低限度，且能保证及时供应所需数量的物料。

以上介绍的不同库存管理方法有各自的优缺点和主要适用范围，且不同的库存管理方法可以交叉和混合使用。一般而言，ABC 库存管理法、CVA 库存管理法通常适用于最终物品，而 JIT 和 MRP 库存管理方法适用于用来生产最终物品的材料和零部件。

对某种确定的货物究竟需要采用何种库存管理方法，往往需要具体问题具体分析。例如我们首先可根据其在销售或库存中的重要性程度，按 ABC 分析法确定其管理类别。若其为 A 类货物，则需要重点予以管理；若其为 C 类货物，因其占用较少的资金则可不予以重点管理。对制造类企业，若其产品相对成形且具备一定计算机信息管理条件，则对其制造所需的零部件库存管理应尽量采用 JIT 及 MRP 库存管理方法，以适应生产需求计划，使库存保持在最低水平。

项目小结

乡村企业，是指在乡村地区设立和运营的各类企业，主要包括农业生产加工企业、农村旅游企业、农村电商企业等。乡村企业具有显著的地域特色和产业多样性的特征，作为乡村经济的重要组成部分，对于推动农村经济发展、为农民提供就业机会、提高农民收入、促进农村社会进步具有重要意义。

库存管理是指在物流过程中对商品数量的管理，旨在保障供应的前提下，以库存物品的数量最少和周转最快为目标所进行的计划、组织、协调和控制。

企业库存管理的内容主要包括库存数量管理、库存成本管理、库存品质管理、库存位置管理、库存流转管理、库存跟踪与监控、入库管理、出库管理、质量管理等。

库存管理的常用方法有 ABC 库存管理方法、CVA 库存管理法、JIT 库存管理法、MRP 库存管理法等。

习题与实训

1. 什么是乡村企业？乡村企业有何特点？
2. 乡村企业有何优势与挑战？
3. 什么是库存管理？库存管理有何目的和作用？
4. 库存管理的内容有哪些？
5. 库存管理有哪些常用方法？
6. 参观一个仓库，了解其库存管理的方法，尤其是库存数量和质量出现问题时如何进行处理。
7. 对某企业的库存进行盘点，并将有关数据登记在盘点表中。

项目二 库存管理制度

学习目标

了解库存管理存在的风险点及应对措施。

结合《企业内部控制配套指引》中关于存货的内控要求，掌握如何编制库存管理制度及库存管理中内部控制要点。

通过以上学习目标的实现，学习者将具备库存管理风险识别能力，能够根据乡村企业实际情况，识别本企业库存管理的风险点，制定本单位的库存管理制度，规范库存管理内部流程。

引导案例　L农产品有限公司库存管理优化之路

任务一　明确库存管理风险点

一、库存风险的含义

库存风险，即存货风险，是指企业存货由于各种不确定性因素的变动而发生损失的可能性。存货管理过程中的风险是客观存在的，在企业存货管理的各个环节中都会存在着风险。库存物资要占用资金、场地，派人维护，形成库存成本。如果库存过多，易造成积压，占用大量资金。同时，长期存放会使物品会因损坏、变质、意外事故或陈旧过时而失去原有的价值和使用价值。如果库存过少，易造成缺货，不仅影响生产的正常进行，还会丧失销售机会，丢失客户，从而会造成企业的利润损失。

我国的企业，尤其是以20世纪80年代以后迅速发展起来的乡镇企业、个体私营企业为主体，由于历史的原因，普遍存在着组织制度、产权制度不健全，企业经营管理队伍素质较低，人才缺乏，特别是高级管理人才缺乏，企业的经营决策以经验为主，缺少科学的程序。因此在日常的管理中，往往容易忽视风险和风险管理。有关调查显示，相当一部分乡村企业内部没有建立完善的存货风险管理机制，管理者和员工普遍缺乏风险意识，即使有些企业建立了存货风险管理机制，其风险管理也是一种被动式管理，而且这种管理活动也往往是暂时的、阶段性的，可以说，企业风险意识的淡薄和风险管理机制的缺失，使它们在面对存货风险时往往手足无措。

二、库存管理风险

1. 需求预测风险

（1）销售需求预测评估方式不合理。有些企业需求预测方法主要根据销量目标、历年销量、市场活动、价格政策、产能等方面来综合考量，主观判断影响太大，没有定量分析。

（2）销售预测制定参与部门不合理。很多企业销售预测完全由销售部门预测，财务部门、生产部门、仓储配送等供应链等相关部门没有参与其中，对于销售预测的偏差影响也起到了很大作用，从生产到仓储，都是由供应链完成的，如果没有参与进来，就会导致需求和生产运作不能很好地配合，对后期销售预测的整体准确性起到了非常大的影响。

（3）需求预测风险导致库存过多或过少。过多的库存会占用大量资金，增加存储成本和贬值风险；需求预测过低，会导致不能及时交货、断货，甚至客户流失。需求预测过高或过低，还会导致需求变更频繁，补货计划混乱并打乱原有的生产计划，甚至会打乱供应商的生产计划并影响合作关系。

引导案例中L公司库在存管理中就存在需求预测精准度较低的风险。L公司的订货主要是以采购人员的主观判断为依据，随意性较大且缺乏精确的数据支撑。企业采购的具体数量以及具体的生鲜农产品类型都直接影响到企业后续的生产经营及销售，L公司在进行订货时，并没有考虑不同类别生鲜农产品的库存周期及生物特性，基本上是每天进行采购或者隔天采购，容易出现供大于求或者供不应求的情形。另外，在某些生鲜农产品的需求旺季，往往需要较大的库存来应对市场的需求。

2. 采购风险

（1）供应商风险。供应商的可靠性、交货期、产品质量等问题可能影响库存管理。如果供应商不能按时交货，可能导致生产中断或库存短缺；如果供应商提供的产品质量不合格，可能需要进行退货、换货等操作，增加库存成本和管理难度。

（2）采购价格波动。原材料价格的波动可能影响库存成本。如果采购价格上涨，库存价值也会相应增加，占用更多资金；如果采购价格下跌，库存价值可能面临贬值风险。

（3）原材料订货管理模式不合理。企业没有完善的订货管理模式选择流程，订单采购模式选择不符合企业实际，导致对原材料需求预测不准确，订货量过小，可能出现原材料供应中断，导致生产线停工。订货量过多，库存大幅积压，占用资金。

引导案例中的 L 公司因订货数量过多或者订货过于频繁而导致损耗过高的情形占总损耗的 28% 左右，原因是 L 公司凭借采购人员的主观判断，对生鲜农产品的需求进行数据统计，但现实工作中，公司生鲜农产品的种类繁多，个人主观判断往往会造成多订或者少订的情况发生，缺乏科学合理的数据支撑，对生鲜农产品的库存量也很难实现精准监控。

3. 库存存储风险

（1）存储风险。企业对存货分类管理不合理，导致存货不能满足企业要求。如果库存水平过高，可能导致货物积压，占用大量资金和仓库空间，产生仓储费用，同时还可能面临过期、贬值、生产中断等风险。如果投入存货管理的人力、物力太少，则不能保证存货的安全性，容易因保管不当造成损失；货物还可能会因为自然因素（如潮湿、火灾、地震等）、人为因素（如盗窃、操作不当等）而损坏或丢失，造成经济损失。

（2）存货领用程序不规范。在许多企业中，存货领用时普遍未设置领退料制度，且存货领用环节内部控制比较薄弱。生产部门领用的材料未设置消耗定额、未填制限额领料单向库房领料。无内部稽核人员审核领料单，核对收发凭证和存货账簿，检查收发记录和结存余额；生产车间到每月月末对于已领用但尚未耗用的原材料未填制领退料单，造成虚减库存，虚增成本。

引导案例中的 L 公司根据 ABC 分类法对 A 类进行重点管理，但是在企业库存管理的实际工作中，A 类生鲜农产品之下还存在许多的明细和层次，在实际库存管理工作过程中无法确定每种生鲜农产品的生物特性，也很难依据生物特性对每种生鲜农产品进行精准管控，这也就造成腐败和浪费。例如，将所有 A 类物资放进冻库进行统一管理时，调节的温度如果太低，部分蔬菜类生鲜农产品会冻坏，调节的温度过高，则达不到很好的保鲜效果，导致水分和营养大量流失，造成损耗。

4. 信息管理风险

（1）数据不准确。ERP 等信息化技术在我国近几年受到广泛关注，但很多企业信息化管理水平落后，没有使用信息化技术。企业没有启用库存管理系统，库存管理靠手工录入，出错概率大。或者有些企业启用库存管理系统，但因管理不当，系统数据不准确可能导致决策错误。例如，如果库存数量、位置等信息不准确，可能会影响采购决策、生产计划和销售安排。

（2）信息系统故障。如果库存管理信息系统出现故障，可能导致无法及时获取库存信息、无法进行库存操作等问题，影响企业的正常运营。

（3）信息安全风险。库存管理系统中的数据可能会受到黑客攻击、病毒感染等安全威胁，导致数据泄露、篡改等问题，给企业带来损失。

引导案例中的 L 公司的主要产成品均以生鲜农产品为原材料，这也就使该企业产品对于生鲜农产品生长情况和产量的敏感度较高，经常会出现旺季产品产量过剩或者订购量过多的情况，同时由于该企业没有使用 ERP、JIT 库存控制等信息化技术，日常库存管理依靠手动 EXCEL 表格记录，使相关的采购负责人员不能明确库存材料是否充足，为确保生产而进行盲目采购，使库存过于丰富，从而造成资源浪费以及存货成本增加。另一方面，L 公司在规模扩大的同时并没有同步投入资金用以建设其物流运输渠道、供应链管理系统，这也使该企业的供产销没有协同的物流体系作为支撑。

5. 内部控制管理风险

（1）内部审计职能弱化。内部审计是企业存货内部控制制度的一个重要组成部分，其目的是促进企业加强内部监督，遵守国家法律法规，维护企业合法权益，改善经营管理，提高经济效益。然而，据调查，大多数企业没有设置内部审计机构，即使设有内部审计机构的企业，其职能也严重弱化，内审人员的主要职能仍然是记账、算账、报账，不能正确评价企业财务信息和管理部门的绩效，导致各级管理部门更加有恃无恐，趁机钻了内部控制的空子。

（2）内控管理制度不健全。目前许多企业特别是乡村企业，内控管理制度严重滞后，发现问题了才逐步倒逼完善制度，没有建立库存管理从需求预测－采购管理－入库管理－出库管理等过程的制度流程规范。例如：没有专门的保管员根据存货的收发记录台账，每月编制库存收、发、存月报表报财务部据以入账，财务部门再根据发料汇总表按用途汇总分配、汇总领料单、分摊材料成本差异；没有采用适当的方法计算和结转存货的耗用和销售成本；也没有采用恰当的成本核算流程和账务处理程序，登记有关账务。

（3）财务会计核算水平较低。企业存货会计核算不健全跟企业管理层长期对财务会计核算工作的重视和支持不够有关。还有存货核算管理人员技术素质普遍偏低，仓库保管员几乎都不是经过专业培训的财务专业人员，采购、验收、付款、记录的岗位职责也不很明确等。以上问题影响了企业资产损益的真实性，影响了企业管理者对资源配置利用的判断，影响了企业资金的正常运转，削弱了企业对资源的利用效率，直接或间接地影响企业存货管理的科学性。

引导案例中的 L 公司没有建立站在全局角度的内控管理体系，现有的库存管理是基于传统的 ABC 分类法的原理，这种处理方法过于笼统，库存物资的出库以及入库等环节均较为烦琐，在一定程度上影响了企业的库存物资出入库效率。企业现有的库存物资管理制度还缺乏完善，对于货物损耗报警机制等管理都不到位，这些问题在企业经营过程中都将对库存成本产生影响，也会导致生鲜农产品大量损耗。

6. 外部环境风险

（1）政策法规变化。政府的政策法规变化，如税收政策、环保政策等，可能影响库存管理。例如，税收政策的调整可能会影响库存成本；环保政策的加强可能会对某些库存物品的存储和处理提出更高的要求。

（2）自然灾害危害。自然灾害，如洪水、地震、台风等，可能会破坏仓库设施，导致货物损坏或丢失。

（3）经济形势变化。经济形势的变化，如通货膨胀、汇率波动等，可能会影响库存成本和价值。

三、应对措施

1. 加强存货采购管理，完善采购计划

首先，计划员要有较高的业务素质，对生产工艺流程及设备运行情况要有充分了解，掌握设备维修、备件消耗情况及生产耗用材料情况，进而做出科学合理的存货采购计划。其次，要规范采购行为，增加采购的透明度。本着节约的原则，采购员要对供货单位的产品品质、价格、财务信誉进行动态监控；收集各种信息，同类产品货比多家，以求价格最低、质量最优。这样，既确保了生产的正常进行，又有效地控制了采购成本、加速了资金周转、提高了资金的使用效率。为了加强存货采购管理，制订出一个合理的采购计划，企业可根据存货的业务流程，结合本企业的业务特点，建立适应存货管理要求的存货采购控制制度。

（1）不相容职务相互分离控制。合理设置采购及相关工作岗位，明确职责权限，形成相互制衡机制，确保办理存货采购业务的不相容岗位相互分离、相互制约和相互监督。

（2）存货采购控制。一是授权批准控制。采购材料、商品及其他物资，均应由采购部门根据企业生产经营计划和使用部门填制请购单，编制具体的采购计划，经主管领导批准后方可实施。二是采购合同控制。企业采购大宗材料、商品及其他物资，应与供货单位签订合同，以加强双方责任控制，保证按期、按质、按量发货。合同应经内审或其他部门审核，以防受骗上当。三是存货检查验收控制。企业所购存货运达后，要由材料供应部门、有关业务部门和质检部门，根据运单、发票、合同以及产品说明书与采购、运输验收部门或人员进行数量和质量查验，若验收合格，即填制验收合格单。验收后，保管人员应及时办理入库手续，填制入库单，建立保管责任制，保证存货安全。四是存货采购资金支付结算控制。会计部门接到承付货款通知后，应审核合同的签订是否符合规定；验收单、入库单是否真实可靠，是否与合同一致；进货发票是否合法、与合同、验收单、入库单、付款通知上内容是否相符。审核无误后，办理货款支付手续，进行支付结算。

2. 完善存货的验收、储存及保管的管理机制

（1）完善存货验收管理。压缩验收天数，以便及时发现所购原材料是否存在质量等问题，及时解决问题，避免发生不必要的损失。在验收存货的过程中，必须将采购合同、供应商的产品质量保证书与运输部门的运输单相互核对，并查看货物是否相符，再填写存货入库单，便于以后发出时相互核对，负责验收工作的人员必须具备高度的责任心，且对原材料的质量有较好的认识。

（2）完善存货的储存管理。在存货量为企业安全库存的前提下，存货存储管理主要做好以下两个方面的工作。

①储存已验收的存货。将已验收的存货的保管与采购等其他职权相分离，可减少未经授权的采购风险，存放商品的仓储区应相对独立，限制无关人员接近。②存货盘点及处理。为保证存货账实相符，仓库保管员应定期盘点库存存货，编制存货盘点表，并提出处理意见；财会人员年底应抽查存货盘点表，对于生产中已无转让价值及其他足以证明已无使用价值和转让价值的存货，根据主管领导和相关部门批准的处理意见，同仓库保管员共同调整存货账务，以确保账实相符。

（3）完善存货保管管理。存货的保管方法有很多种，但必须以合理存放和科学保养为前提，保证在合理摆放的前提下，原材料的质量不会因为自然环境（如温度、湿度、空气等）的变化而变化。如果企业存货的种类很多，每种存货金额差别很大，这时，可以利用 ABC 控制法、CVA 管理法、MRP 库存控制技术等对存货进行管理。

3. 完善企业存货领用及销售的管理机制

（1）完善存货领用管理。存货领取应制定规范的领取制度，为了分清发出存货的用途与明确经济责任，除了要正确计算存货发出的实际成本外，还要建立规范的出库制度，做到只要存货发出，就要严格填制存货出库凭证。在生产部门领用所需存货时，必须按原计划量领取，不得超出定额领取，严禁各生产部门或车间用少领多、私下处理、牟取局部利益、损害企业利益。同时，在发出存货或产成品时，财务部门应该根据出库单及时做出财务处理，对于已领未用的多余存货，应该填制存货退库单并办理

退库手续。与此同时，应该建立存货的定期清查制度，做到对于价值较昂贵的存货至少半年盘点一次，一年清查一次，不仅要清查存货的数量，还应对其因季节变化而积压的产成品做出适当的处理，如降低价格出售。在需要时进行不定期的盘点，以保证账实相符，并根据盘点的结果，认真登记存货盘存单，对于盘盈、盘亏等项目按规定进行处理，同时对盘点结果进行分析，总结出存大于销的原因，并结合市场调查，为下一阶段的生产计划做好准备。

（2）完善存货销售管理。企业销售发出存货应由销售部门根据商品销售计划填制提货单，经部门负责人批准后实施，应确保发出存货时有手续齐备的提货单。同时企业销售各类商品或其他存货，一般应与购货单位签订合同，以加强双方责任，保证按期供货，及时收回货款。

4. 完善企业存货内部控制制度

企业应该划分存货的采购权、验收权和保管权，分别授权于不同部门，明确界定各部门的职责，形成各部门之间权限的相互制约，同时在存货管理中应该注重做好以下的三个方面的工作。

（1）建立内部审计控制制度并加强内部审计控制。企业应设置内部审计机构并进一步完善内部审计控制制度。内部审计机构应直接对企业最高领导层负责，并保持相对独立。企业通过内部审计制度对各级管理层的财务活动和管理活动进行评价，包括企业经营方针的贯彻执行情况、企业财务会计信息的真实性和可靠性、各级管理人员的绩效、内控环节的协调情况等。企业中采购、保管、记账应分工而不能由一个部门担当，部门之间互相稽核，确保企业资产的安全。

（2）合理制定适合本企业的成本核算程序和方法。每个企业应根据自身的规模和行业的要求等实际情况制定合理的成本费用的结算程序和方法。比如：仓库保管员发货后及时登记存货明细账，财会部门根据材料记账员的发货汇总表按用途汇总分配，汇总领货单，分摊材料成本差异，采用适当的方法计算和结转存货的耗用和销售成本，并尽量保持使用方法的前后一致性。采用恰当的成本核算流程和账务处理程序，登记有关账目。

（3）健全财务会计核算水平。企业财务职位上应配备与岗位相适应的财会人员，以提高存货与生产成本的财务核算水平，进一步健全企业存货会计核算制度。财务会计人员包括仓库保管员需由经过专业培训的财务专业人员担任，并不断提高存货核算管理人员的技术水平，以提高生产成本的财务核算水平，提高企业资产损益的真实性，规范企业的存货管理。

5. 利用先进的管理模式，实现存货资金有效管理

在如今经济全球化的大浪潮中，企业要想保持强大的竞争力，就必须从源头抓起，

改进管理模式,实现企业存货资金的有效管理。这就要求企业尽快采用先进的管理工具,如ERP系统,实现制造管理、办公操作、供应链管理、人力资源管理、项目管理、财务与管理、客户服务、销售与市场营销等商业功能。通过运用ERP,企业能够利用计算机对资金、货物、人员和信息等资源进行自动化管理。企业资源计划对于在企业中高度普及计算机辅助管理,实现企业管理信息化和自动化,提高工作效率和增强快速反应能力,都具有十分重要的意义。利用ERP使人、财、物、产、供、销全方位科学高效集中管理,最大限度地堵塞漏洞,降低库存,既提高了资金利用率,也全面提高了企业资金收益率,使存货管理更上一个新台阶。

6. 加强存货风险控制与防范

首先要建立健全乡村企业的组织机构,按照现代企业制度的要求,建立产权清晰、职能明确、分工协作、结构合理的组织机构,使企业由一人管理的企业转变为由管理团队集体管理的企业,从而增强企业存货风险管理的前瞻性、系统性和科学性,从而提高企业的抗风险能力和水平。其次,要注重增强全体员工的风险管理意识,建立切实有效的风险管理机制,并采取合适的措施在企业中实行风险管理。

(1)确定合适的安全库存量。安全库存量是在充分考虑存货采购所需时间以及企业正常生产经营耗费的基础上确定的存货数量,当企业存货数量降至安全库存数量时,企业应及时进行存货的采购。企业在确定安全库存量时应综合考虑企业的风险控制战略目标。不同的风险水平对应不同的安全库存量,风险水平越低,要求的安全库存量也越大。

(2)实施库存集中控制。建立物流中心或配送中心,把不同地方的需求集中起来,实行库存集中控制,可以实现风险分担,降低安全库存。在一个集中型的生产或销售系统中,物流中心可以通过不同客户间的产品供给和分配的协调,降低需求的不确定性,从而降低安全库存水平,减少库存风险。

7. 有效的存货管理监督制度

建立了完善的存货管理制度而得不到有效执行,那一切都是白费心思。企业的管理者应充分认识到加强存货管理的重要性,定期深入存货管理部门检查各项制度的落实情况。在采购制度的落实方面,应重点检查有无未经批准的采购,有无质次价高、吃回扣的现象。在材料库存管理制度落实方面,重点检查入库的验收手续、存货是否实行ABC分类管理;有无积压、霉烂及不安全的情况,账物是否相符;出库是否有严格的批准手续等。在制产品库存管理制度落实方面,重点检查是否存在积压、有无流失隐患、废品边角余料是否回收利用等。成品库管理重点检查入库手续是否严格、账物是否相符、滞销品是否及时处理等。应注重对内部控制制度实施情况的检查与考核,并建立有效的激励机制,对执行制度好的要给予奖励,执行制度不好的给予批评,并限期整改。

任务二　建立健全库存管理制度

一、建立健全库存管理制度的必要性

1. 提高运营效率

（1）优化库存水平。准确掌握库存数量、种类和价值，避免库存积压或缺货。合理的库存水平可以减少资金占用，降低仓储成本，同时确保生产和销售的连续性。

（2）快速响应客户需求。能够及时了解市场需求变化，快速调整库存，满足客户订单需求。这有助于提高客户满意度，增强企业的市场竞争力。

（3）提高库存周转率。通过有效的库存管理，加快库存的流动速度，减少库存停留时间，提高库存周转率。这可以提高企业的资金使用效率，降低运营成本。

2. 降低成本

（1）减少库存持有成本。库存持有成本包括仓储费用、保险费用、资金占用成本等。合理控制库存水平可以降低这些成本。

（2）降低采购成本。通过准确预测需求和优化采购计划，可以实现批量采购，获得更好的价格优惠。同时，避免因紧急采购而支付高额的采购成本。

（3）减少缺货成本。缺货会导致生产中断、销售损失和客户流失。健全的库存管理制度可以降低缺货风险，减少缺货成本。

3. 保证产品质量

（1）规范库存管理流程。确保库存产品的存储、搬运和保管符合质量要求。合理的库存环境和管理措施可以减少产品损坏、变质和过期的风险。

（2）实现先进先出。保证先入库的产品先出库，避免产品过期或质量下降。这有助于提高产品的质量稳定性，减少质量问题的发生。

（3）便于质量追溯。健全的库存管理制度可以记录产品的入库、出库和库存状态，便于在出现质量问题时进行追溯和处理。

4. 提升企业管理水平

（1）加强内部控制。库存管理涉及企业的多个部门，建立健全的库存管理制度可以规范各部门的职责和流程，加强内部控制，减少管理漏洞。

（2）提供决策支持。准确的库存数据和分析报告可以为企业的管理层提供决策支持，帮助他们制订合理的生产、销售和采购计划。

（3）促进企业信息化建设。库存管理是企业信息化建设的重要组成部分，企业只有具有标准化的库存管理流程，才能建立行之有效的企业信息化系统，提高企业的管理效率和信息化水平。

二、库存管理制度内容

1. 明确库存管理目标与原则

（1）基本原则。明确制度建设的基本原则，如科学性、灵活性、实用性等。

（2）管理目标。阐述建立库存管理制度的初衷，如提升运营效率、减少资金占用、控制库存风险等。

2. 库存管理控制技术

根据本单位的实际情况选用不同的库存管理技术，包括 ABC 库存管理方法、CVA 库存管理法、JIT 库存管理法、MRP 库存管理法等技术。

3. 库存采购管理

（1）需求预测分析。利用历史销售数据、市场趋势等信息进行需求预测分析。制订合理的采购计划，根据销售预测、生产计划和库存水平等因素确定采购数量和时间。

（2）供应商管理。选择合适的供应商，建立供应商评估体系，确保供应商的产品质量、交货期和价格具有竞争力。

（3）销售计划与生产计划协同。明确采购申请、审批、下单、到货验收等流程，确保采购过程规范、高效，确保库存计划与销售计划和生产计划紧密衔接，避免供需失衡。

（4）安全库存设置。基于需求预测的不确定性，合理设置安全库存水平，以应对突发需求或供应延迟。

4. 库存存储管理

（1）入库管理。优化仓库布局，合理划分存储区域，提高仓库空间利用率。建立严格的入库检验制度，确保入库物料的质量符合标准，并及时更新库存信息。

（2）储存管理。实施库存物资的标识和定位管理，便于快速查找和盘点。加强生产现场的材料、周转材料、半成品等物资的管理，防止浪费、被盗和流失。对代管、代销、暂存、受托加工的存货，应单独存放和记录，避免与本单位存货混淆。

（3）建立库存保管制度，做好库存物资的防潮、防火、防盗等工作，确保库存物资的安全。

5. 库存出库管理

（1）流程标准化。建立严格的出库审批制度，明确出库申请、审批处理、拣货与准备、出库登记等环节流程，确保库存物资的合理使用。

（2）出库记录。在物品出库时，要详细记录出库时间、物品数量、领用人、出库单号等信息，确保库存数据的准确性，及时在库存管理系统中更新物品的库存数量和状态,以便实时掌握库存情况。

6. 库存盘点与调整

(1)定期盘点。企业应当建立存货盘点清查制度,结合本企业实际情况确定盘点周期、盘点流程等相关内容,核查存货数量,及时发现存货减值迹象。实施定期(如月度、季度)和不定期的库存盘点,确保库存数据的准确性。

(2)差异处理。盘点清查中发现的存货存在盘盈、盘亏、毁损、闲置以及需要报废等情况,应当查明原因、落实并追究责任,按照规定权限批准后处置。

(3)库存调整。根据实际需求和市场变化,适时调整库存水平和结构,避免库存积压和浪费。

7. 库存成本控制

(1)成本分析。对库存成本进行详细分析,包括持有成本、订货成本、缺货成本等。建立库存数据分析指标体系,如库存周转率、缺货率、积压率等,定期进行分析和评估。

(2)成本控制措施。通过优化库存结构、提高库存周转率、降低损耗率等方式降低库存成本,利用信息化手段对库存进行实时监控,及时发现库存异常情况并采取措施。根据数据分析结果调整库存管理策略,不断优化库存管理水平。

8. 库存数据分析与监控

(1)库存管理系统。引入或升级库存管理系统(如 ERP 等),实现库存信息的实时更新和共享。

(2)数据分析工具。引进新技术如自动化设备、智能仓储系统等,提高出库管理的智能化水平。利用数据分析工具对库存数据进行深入挖掘和分析,为决策提供支持。

9. 人员管理

(1)明确库存管理各岗位的职责和权限,建立绩效考核制度,提高员工的工作积极性和责任心。

(2)定期对库存管理人员进行培训,提高其业务水平和管理能力。

10. 制度执行与监督

(1)制度完善。建立库存管理制度的执行机制,确保各项制度得到有效落实。加强对库存管理的监督检查,及时发现和纠正存在的问题,对违反库存管理制度的行为进行严肃处理,维护制度的严肃性。

(2)安全与监控。通过设立门禁控制、安装监控摄像头等方式进行仓库安全管理,防止物品被盗。对于需要运输的出库物品,利用物流跟踪系统实时监控物品的运输状态,确保物品安全送达目的地。对出库物品进行妥善包装,以防止在运输过程中受到损坏。

相关案例　波司登羽绒服库存管理

三、库存管理内部控制要点

结合《企业内部控制配套指引》中关于存货的内控要求，存货的内部控制是企业经营管理中至关重要的一环，旨在确保存货的完整性、准确性和安全性。以下是存货内部控制的主要要点。

1. 存货管理制度

企业应建立健全存货管理制度，包括存货的采购、验收、存储、保管、领用、盘点和处置等各个环节的控制要求。

2. 岗位分工与授权

明确存货管理岗位分工，确保职责明确。实行严格的授权批准制度，只有经过授权的人员才能接触存货。

3. 采购控制

根据预算编制采购计划，并严格按照计划执行。加强对采购过程的监控，确保采购的合理性和有效性。

4. 验收与保管

建立存货验收制度，对入库存货的数量、质量、规格等进行严格查验。存货应按照规定的储存条件储存，并健全防火、防洪、防盗、防潮等管理规范。

5. 领用与发出

明确存货发出和领用的审批权限，特别是大批存货、贵重商品或危险品的发出需特别授权。仓储部门应根据审批的销售（出库）通知单发出货物。

6. 盘点与处置

制定存货盘点清查制度，定期（如每年年度终了）进行全面盘点清查。

对盘盈、盘亏、毁损、闲置及需报废的存货，应查明原因、落实责任并妥善处理。

7. 信息系统与记录

充分利用信息系统，强化会计、出入库等相关记录，确保存货管理全过程的风险得到有效控制。仓储部门应详细记录存货的入库、出库及库存情况，并与财务部门、存货管理部门定期核对。

8. 投保与风险管理

企业应采取适当的安全措施,防止存货被盗、损坏或变质。这可能包括限制仓库访问权限、安装监控设备等。加强存货的投保工作,通过招标等方式确定保险人,降低存货意外损失风险。关注资产减值迹象,合理确认资产减值损失。

9. 监督与检查

建立有效的监督机制,对存货管理过程进行定期检查,确保内部控制措施得到有效执行,并及时发现并纠正问题。

相关案例　新铁公司的库存管理优化之路

项目小结

库存管理是企业管理工作中的重要内容,可以反映企业的核心竞争力,并影响企业的经营管理水平。高效的库存管理可以减少库存资金对企业流动资金的占用情况,降低成本支出,从而增加利润。库存管理不仅可以满足客户需求、减少库存成本、缩短供应链周期,还可以有效降低供应链中的不确定性和波动风险,改善运营效率,避免废弃、超期和过量的库存情况,提高资源利用率和生产效率。

库存管理制度流程不规范,内部控制不健全,将产生诸多库存管理风险,如需求预测风险、采购风险、存储风险、内部控制风险等。企业应建立健全库存管理相关内控管理制度,制度中明确库存管理目标与原则,确定合理的库存管理技术,综合考虑库存采购、存储,库存盘点与调整,库存成本管理,库存数据分析与监控,人员培训,制度执行与监督等方面,建立健全库存管理制度,不断对照《企业内部控制配套指引》中关于存货的内控要求定期进行内控评价,识别库存管理风险,全面提高企业库存管理水平。

习题与实训

1. 库存管理的风险有哪些?
2. 企业应该从哪些方面建立健全库存管理制度?
3. 根据学员所在企业实际情况,基于《财务内部控制评估基础表—存货》为自身企业打分,并为企业的库存管理提出建议。

项目三　仓储管理

学习目标

了解仓储的概念、功能，了解仓储活动的意义，对仓储有个总体认识。了解仓储管理的基本概念，了解仓储管理的内容、任务、作用及其流程，对仓储管理有个总体的把握。

了解仓库的概念，了解影响仓库地址选择的因素，把握仓库地址选择的方法，掌握仓库规划的流程，理解仓库各作业区的规划与设计。

了解仓储质量管理的含义和内容，掌握有关仓储质量指标的含义，了解仓储质量管理的 TQM、PDCA 等有关方法。

引导案例　如何设计乡村仓储物流的功能和管理制度

任务一　仓储管理概述

一、仓储概述

（一）仓储的概念

1. 仓储的含义

在物流系统中，仓储是一个不可或缺的构成要素。仓储业是随着物资储备的产生和发展而产生并逐渐发展起来的。仓储是物流不可缺少的一环，在整个物流过程中发挥着重要作用。仓储是生产中原材料、半成品、成品的缓冲池，为生产的持续稳定进行提供保障，以实现生产和运输的经济性。同时，仓储可以克服生产者和消费者之间的时间和空间差异，支持企业的物流策略，提高客户服务水平，降低物流成本。

2. 仓储的性质

仓储是物质产品的生产过程的延续，不仅保障了产品的可用性，还增加了产品的时间价值和空间价值。仓储既有静态的物品储存，也包含动态的物品存取、保管、控制的过程。仓储活动发生在仓库等特定的场所，其对象既可以是生产资料，也可以是生活资料，但必须是实物。从事商品的仓储活动具有生产性质，主要表现在以下几方面。

（1）仓储活动是社会再生产过程中不可缺少的一环。任何产品的生产过程，只有当产品进入消费后才算终结，因为产品的使用价值只有在消费中才能体现。而产品从脱离生产到进入消费，一般情况下都要经过运输和储运。所以说商品的储存和运输一样，都是社会再生产过程的中间环节。

（2）商品仓储活动具有生产三要素，即劳动力、劳动资料（劳动手段）和劳动对象，三者缺一不可。劳动力是仓储作业人员，劳动资料是各种仓库设备，劳动对象是储存保管的物资。商品仓储活动是仓库作业人员借助仓储设施，对商品进行收发保管的过程。

（3）商品仓储活动中的某些环节构成了生产过程的一个组成部分。例如卷板在储存中的碾平及切割、零部件的配套和机械设备的组装等，都是为了投入使用作准备，具有生产的性质。当然，它与物质资料的生产活动仍有较大区别，主要体现在它不创造使用价值，具有不均衡性和不连续性，仅具有服务性质。

3. 仓储的作用

仓储有正逆两方面的作用。

（1）仓储的正作用包括两方面。

①仓储是物流业务活动的必要环节之一。仓储作为物品在生产过程中各间隔时间内的物流停滞，是保证生产正常进行的必要条件，它使上一步生产活动顺利进行到下一步生产活动。

②仓储是加快资金周转、节约流通费用、降低物流成本、提高经济效益的有效途径。有了仓储的保证，就可以免除加班赶工的费用，免除紧急采购的成本增加。

（2）仓储的逆作用有3方面。

①固定费用和可变费用支出。企业在仓库建设、仓库管理、仓库工作人员工资、福利等方面支出了大量的费用，使开支增高。同时，还会产生必要的保险费、仓储作业费用等支出。

②机会成本。储存物资会占用资金及资金利息，如果用于另外项目可能会有更高

的收益。

③陈旧损失与跌价损失。随着储存时间的增加，存货会发生陈旧变质，甚至会完全丧失价值及使用价值。同时，一旦错过有利的销售期，又会因为必须低价贱卖，不可避免地出现跌价损失。

（二）仓储的功能

1. 储存功能

现代化大生产的一个重要特征就是专业化和规模化生产，劳动生产率极高，产量巨大，绝大多数产品都不能被及时消费，需要通过仓储手段进行储存，这样才能避免生产过程堵塞，保证生产过程能够继续进行。另一方面，对于生产过程来说，适当的原材料、半成品的储存，可以防止因缺货造成的生产停顿。对于销售过程来说，储存（尤其是季节性储存）可以为企业的市场营销创造良机。适当的储存是市场营销的一种战略，它为市场营销中特别的商品需求提供了缓冲和有力的支持。

2. 加工和延期功能

保管物在保管期间，保管人根据存货人或客户的要求对保管物的外观、形状、成分构成、尺度等进行加工，使保管物发生所期望的变化。常见的加工有：为保护产品进行的加工，如对保鲜、保质要求较高的水产品、肉产品、蛋产品等食品，可进行冷冻加工、防腐加工、保鲜加工等；为使消费者方便、省力而进行的加工，如将木材直接加工成各种型材，可使消费者直接使用；为便于衔接不同的运输方式、使物流更加合理而进行的加工，如散装水泥的中转仓库担负起散装水泥袋的流通加工及将大规模散装转化为小规模散装的任务。

3. 整合功能

仓库可以将来自多个制造企业的产品或原材料整合成一个单元，进行一票装运。其好处是有可能实现最低的运输成本，也可以减少由多个供应商向同一客户进行供货带来的拥挤和不便，使每一个客户都能享受到低于其单独运输成本的服务。

4. 分类和转运功能

分类就是将来自制造商的组合订货进行分类或分割成个别订货，然后安排适当的运力运送到制造商指定的个别客户。转运就是仓库从多个制造商处运来整车的货物，在收到货物后，如果货物有标签，就按客户要求进行分类；如果没有标签，就按地点分类，然后货物不在仓库停留，直接装到运输车辆上，装满后运往指定的零售店。同时，由于货物不需要在仓库内进行储存因而降低了仓库的搬运费用，最大限度地发挥了仓库装卸设施的功能。

5. 市场信息的传感器

任何产品的生产都必须满足社会的需要，生产者都需要把握市场需求的动向。社会仓储产品的变化是了解市场需求极为重要的途径。仓储量减少，周转量加大，表明社会需求旺盛；反之则为需求不足。厂家存货增加，表明其产品需求减少或者竞争力降低，或者生产规模不合适。仓储环节所获得的市场信息虽然比销售信息滞后，但更为准确和集中，且信息成本较低。现代物流管理特别重视仓储信息的收集和反应，将仓储量的变化作为决定生产的依据之一。

6. 提供信用的保证

在大批量货物的实物交易中，购买方必须检验货物、确定货物的存在和货物的品质，方可成交。购买方可以到仓库查验货物。由仓库保管人出具的货物仓单是实物交易的凭证，可以作为对购买方提供的保证。

7. 现货交易的场所

存货人在转让仓库存放的商品时，购买人可以到仓库查验商品并取样化验，双方可以在仓库进行转让交割。在国内众多的批发交易市场，既有商品存储功能的交易场所，又有商品交易功能的仓储场所。

（三）仓储活动的类型

1. 按仓储活动的运作方式分类

（1）自有仓库仓储。自有仓库仓储就是企业自己修建仓库进行仓储。其优点主要有：可以根据企业特点加强仓储管理；可以依照企业的需要选择地址和修建特需的设施；长期仓储时成本低；可以为企业树立良好形象。其缺点是：存在位置和结构的局限性；企业的部分资金被长期占用。

（2）公共仓库仓储。企业租赁为一般公众提供营业性服务的公共仓库进行储存。其优点主要有：需要保管时，保证有场所，不需要保管时，不用承担仓库场地空闲的无形损失；有专业技术人员进行保管和进出货物的工作，管理安全；不需投入仓库建设资金；可以根据市场需求变化选择仓库的租用面积与地点。其缺点是：当货物流通量大时，仓库保管费与自有仓库相比较高；所保管的货物需受到营业仓库规则的各种限制。

（3）第三方仓储。第三方仓储（或称合同仓储）是指企业将物流活动转包给外部公司，由外部公司为企业提供综合物流服务。第三方仓储能够提供专业化的高效、经济和准确的分销服务，能为货主提供特殊要求的空间、人力、设备和特殊服务。其优点主要有：有利于企业有效利用资源；有利于企业扩大市场；有利于企业进行新市场的测试；有利于企业降低运输成本。其缺点是企业对物流活动失去直接控制。

2. 按仓储的集中程度分类

可分为集中仓储、分散仓储和零库存。其中，零库存是现代物流学中的重要概念，指某一领域不再保有库存，以无库存（或很低库存）作为生产或供应保障的一种系统方式。

（四）仓储组织

1. 仓储组织的概念

仓储组织就是按照预定的目标，将仓库作业人员与仓库储存手段有效地结合起来，完成仓库作业过程各环节的职责，为商品流通提供良好的储存服务。

合理进行仓储组织的目标就是实现仓储活动的"快进、快出、多储存、保管好、费用省"。为了实现该目标，在组织仓储作业过程时，应注意保证仓储作业过程的连续性和实现仓储作业过程的比例性。

2. 仓储组织活动的内容

仓储组织活动内容包括作业过程的空间组织和时间组织。

（1）空间组织。仓储作业过程的空间组织就是正确确定仓储作业的路线，保证商品在空间上的最短运动路线和仓库空间的有效利用。作业过程的空间组织主要是通过仓储作业场地的合理布置和作业班组的合理划分来实现，即在生产过程中，应根据物资仓储的特点，使储存物资在生产过程中径直前进，避免往返运动。为此，一方面要合理地划分作业班组，另一方面要保证仓储设施的合理布局。

（2）时间组织。仓储作业过程的时间组织是指通过各个环节作业时间的合理安排和衔接，保证作业的连续进行。前者要求时间的最大节省，后者要求作业的连续进行，尽可能消除或减少作业过程中的停顿或等待时间。

二、仓储管理的概念

（一）仓储管理的含义

仓储管理是指对仓库和仓库中储存的货物进行管理。从广义上看，仓储管理是对物流过程中货物的储存以及由此带来的商品包装、分拣、整理等活动进行的管理。

仓储管理是一门经济管理科学，同时也涉及应用技术科学。这种对仓库和仓库储存商品的管理工作，随着储存商品品种的多样化、仓库结构、技术设备的科学化、现代化而不断发展的。仓储管理主要经历了简单仓储管理、复杂仓储管理和现代仓储管理3个发展阶段。

（二）仓储管理的基本内容

仓储管理研究的是商品流通过程中货物储存环节的经营和管理，即研究商品流通过程中货物储存环节的业务经营活动，以及为提高经营效益而进行的计划、组织、指挥、监督以及调节活动。仓储管理主要是从整个商品流通过程的购、销、储、运各个环节的相关关系中，研究货物的收、管、发和与之相关的加工过程的经营活动，以及围绕货物储存业务所开展的对人、财、物的运用与管理。

仓储管理的对象是仓库及库存物资，具体管理内容包括如下五方面。

1. 仓库的选址与建设问题

仓库的选址和建设问题是仓库管理战略层面所研究的问题，它涉及企业长期战略与市场环境相关联的问题的研究，对仓库长期经营过程中的服务水平和综合成本都会产生非常大的影响，因此必须提到战略层面来对待和处理。配送仓库合理的选址能够减少货物运输费用，大幅度地降低运营成本，从而获得最大的利润，也能使企业物流系统有效运作，给企业提供优质服务。

2. 仓库机械作业的选择与配置问题

现代仓库离不开仓库所配备的机械设施和设备，如叉车、货架、托盘和各种辅助设备等。合理选择仓储设施、设备，可以提高货品流通的顺畅性和保障货品在流通过程中的质量。例如，如何根据仓库作业特点和所储存物资的种类以及其理化特性选择机械装备以及应配备的数量？如何对这些机械进行管理？

3. 仓库的业务管理问题

包括如何组织物资出入库，如何对在库物资进行储存、保管与养护等。只有认真做好仓库业务中的每一个环节的工作，才能保证仓储整体业务的良好运行。

4. 仓库的库存管理问题

包括如何根据企业生产需求状况，选择合适的编码系统，安装仓储管理系统（WMS系统），实行JIT管理等先进的管理方法等。科学解决这些问题，既不会导致储存过少引起生产中断而造成损失，又不会导致储存过多而占用过多的流动资金。现代库存管理技术极大地改善了商品流通过程中的识别和信息传递与处理过程，使商品的仓储信息更准确、快捷，成本也更低。

5. 仓储成本控制

仓储综合成本控制不但要考虑库房内仓储运作过程中各环节的相互协调关系，还要考虑物流过程中各功能间的背反效应，以平衡局部利益和全局利益最大化的关系。选择适用的成本控制方法和手段，对仓储过程每一个环节的作业表现和成本加以控制是实现仓储管理目标的要求。

（三）仓储管理的原则

保证质量、注重效率、确保安全、讲求经济是仓储管理的基本原则。

1. 保证质量

仓储管理中的一切活动，都必须以保证在库物品的质量为中心。没有质量的数量是无效的，甚至是有害的，因为这些物品依然占用资金、产生管理费用、占用仓库空间。因此，为了完成仓储管理的基本任务，仓储活动中的各项作业必须有质量标准，并严格按标准进行作业。

2. 注重效率

效率是指在一定劳动要素投入量时的产品产出量。只有较少的劳动要素投入和较高的产品产出量才能实现高效率。仓储的效率表现在仓容利用率、货物周转率、进出库时间、装卸车时间等指标上，表现出"快进、快出、多存储、保管好"的高效率仓储。

3. 确保安全

仓储活动中不安全因素有很多。有的来自库存物，如有些物品具有毒性、腐蚀性、辐射性、易燃易爆性等；有的来自装卸搬运作业过程，如每一种机械的使用都有其操作规程，违反规程就要出事故；还有的来自人为破坏。因此特别要加强安全教育、提高认识，制定安全制度，贯彻执行"安全第一，预防为主"的安全生产方针。

4. 讲求经济

利润是经济效益的表现，实现利润最大化则需要做到经营收入最大化和经营成本最小化。仓储企业经营也不能排除为了追求利润最大化的动机。作为参与市场经济活动主体之一的仓储业，也应围绕着获得最大经济效益的目的进行组织和经营。

（四）仓储管理的地位与作用

1. 宏观方面

仓储管理的作用不仅表现在它是社会再生产过程得以顺利进行的必要条件，是保存物资原有使用价值的必要环节，而且还表现在它是促进资源合理利用配置的重要手段。在实际经济生活中，往往存在某些产品，在一些行业和企业长期闲置不用，而在另一些行业和企业却表现出短缺，导致开工不足，影响生产的情况。因此，做好仓储管理工作，就为合理利用资源提供了可能。

2. 微观方面

良好的仓储管理不仅能保证企业生产过程中获得及时、准确、质量完好的物资供应，而且有利于企业通过占有较少的流动资金，降低产品成本，从而提高企业经济效益和竞争力。库存的首要目的是保证企业获得稳定的原材料、零部件供应，但这不是仓库管理的唯一职能。如果库存过多，不仅造成物资积压，增加保管费用，而且过多占用流动资金。因此，良好的仓储管理既可以保证企业生产的顺利进行，又能保证物料成本处于较低水平。

（五）仓储管理流程

仓储管理流程主要包括订单处理作业、采购作业、进货入库作业、库存管理作业、补货及拣货作业、流通加工作业、出货作业、配送作业、会计作业、营运管理及绩效管理作业等。

三、仓储管理的类型及要求

1. 制造企业物流的仓储管理及要求

制造企业物流是指在企业生产经营过程中,物品从原材料供应,经过生产加工,到产成品和销售以及伴随生产消费过程中所产生的废弃物的回收及再利用的完整循环活动。按照企业经营活动的环节,制造企业物流可以分成供应物流、生产物流、销售物流、回收物流等不同的类别,其重点是供应物流、生产物流和销售物流。

供应物流是企业为保证生产节奏,不断组织原材料、零部件、燃料、辅助材料供应的物流活动。其物流过程包括:原材料及半成品采购;原材料及半成品从供应地到工厂的运输;原材料及半成品到厂入库后的仓储管理;向生产环节的配送。

生产物流是指在生产工艺中的物流活动。销售物流则是企业为实现产品销售,组织产品送达用户或市场供应点的物流活动。

生产制造企业仓储管理的要求是多方面的,最重要的是要确保在物流过程中仓储物资的价值和使用价值不受损失,为用户提供良好的仓储服务。具体来讲,对货物的收、管、发、运要做到及时、准确、安全、节约。及时是指货物入库要做到及时接运卸车;及时清点验收;及时搬运入库;及时登账、立卡、建档;及时传递单据等;货物管理要做到及时检查;及时通风防潮;及时维护保养等;货物出库要做到及时备货、及时发运、及时结算等。准确是指收发货物要求做到品名、规格、型号、数量、质量配套准确;发运货物要求做到方向、到站、收货单位和件数(或重量)、运货票号准确;业务手续要求做到账、卡、物一致,单据、统计报表数字准确;反映情况准确;财务结算要求做到单据、金额准确、核收运杂费准确。安全是指做好防潮、防热、防冻、防雷、防洪、防火、防虫、防盗等各项工作,达到无失火爆炸,无霉烂变质,无虫蛀鼠咬,无受潮锈蚀,无过期失效,无被盗丢失,无冻热损伤;严格遵守操作规程和各项安全制度,防止在作业中发生事故;加强库区警戒,严格控制闲杂人员进入库区,保证其处于良好的技术状态。节约是指抓好维修保养工作,使库存货物保持数量准确,质量完好,降低维护保管费用;做到货物合理堆放,提高库房面积和容积的利用率;搞好合理装卸搬运,力争做到满装满载;加强库用设备的维修与保养,提高其工作效率;加快技术革新,提高仓库自动化管理水平。

2. 流通企业的仓储管理及要求

流通企业的仓储管理要根据市场的需求来确定商品的品种、数量、规格等。在仓储管理中流通企业要加强对市场需求的调查,了解上游生产企业的生产能力,积极组织货源以满足市场的需求。

流通企业的仓储管理主要需做好几方面的工作:①积极开展市场调研,了解市场需求和社会生产能力，拟定进货计划；②积极组织货源，调节货物，以保证市场供给；③及时进行货物盘点，及时处理积压货物；④认真做好货物保管工作，确保货物的质量。

3. 第三方物流的仓储管理及要求

第三方物流是指由商品或劳务的供方、需方之外的第三方去协调完成物流服务的物流运作方式。第三方就是指提供商品或劳务交易双方的部分或全部物流功能的外部服务提供者。第三方仓储物流是专为他人储藏、保管货物的商业营业活动，是现代化大生产和国际、国内商品货物的流转中一个不可或缺的环节。

第三方物流企业的仓储管理主要需做好几方面的工作。①保证储存货物的安全。各种货物是客户顺利开展生产和经营活动的保证，确保安全是保管过程中的首要要求。②符合作业规范要求。在保管作业中，物流经理应对一些保管操作制定相应作业规范，从而提高作业绩效，方便保管作业，实现合理库存，改善保管环境。③节约开支，降低储存成本。④为客户各方面的管理提供信息服务。

四、仓储管理人员的职责和要求

仓储管理是把仓库内的人、财、物等各种要素合理地组织起来，使之能够正常地运转，达到既定的管理目标，这就要求各岗位人员必须承担应有的责任和义务，同时也要赋予仓管人员一定的管理权力。因此，要建立起严格的仓管人员岗位责任制，明确各岗位职责和应具备的基本要求，只有这样，才能做到合理分工，各司其职，责任清楚，职权明确，不断地改善仓储管理，提高仓库的作业效率。

1. 仓储管理人员的分类

（1）按照仓储管理人员岗位不同划分。根据岗位的不同，仓储管理人员分为：仓库主管、仓库管理员、仓储文员、搬运员等。

（2）按照仓储管理人员的部门划分。按照部门不同，仓储管理人员分为：营销管理人员、业务管理人员、财务管理人员、仓管人员和搬运人员等。

2. 仓储管理人员的职责

（1）认真贯彻仓库保管工作的方针、政策和法律法规，具有高度的责任感，忠于职守，热爱仓库工作，具有敬业精神。

（2）严格遵守仓库管理的规章制度和工作规范，严格履行岗位职责，及时做好商品验收、保管保养和出库发运工作；严密各项手续制度，做到收有据、发有凭，及时准确销账，把好收、发、管三关。

（3）熟悉仓库的结构、布局、技术定额，熟悉仓库规划；熟悉堆码等技术，掌握堆垛作业要求；在库容使用上做到妥善安排货位，合理高效利用仓容。

（4）熟悉仓储商品的特性、保管要求，能有针对性地进行保管，防止商品损坏，提高仓储质量；熟练地填写表账、制作单证，妥善处理各种单证业务；了解仓储合同的义务约定，完整地履行义务。

（5）重视仓储成本管理，不断降低仓储成本。妥善保管好剩料、废旧包装，做好回收工作；用具、货板等要妥善保管、细心使用，促使其延长使用寿命。

（6）加强业务学习和训练，熟练地掌握计量、测量用具和仪器的性能与使用方法；及时掌握仓库管理的新技术、新工艺，适应仓储自动化、现代化和信息化的发展，不断提高仓储管理水平；了解仓储设备和设施的性能和要求，督促设备维护和维修。

（7）严格执行仓库安全管理的规章制度，时刻保持警惕，做好防火、防盗、防破坏、防虫鼠等安全保卫工作，防止各种人身伤亡事故发生，确保人身、物资、设备的安全。

任务二　仓库规划与设计

一、规划的概念及目标

(一)规划的概念

1. 规划的定义

规划是个人或组织制定的比较全面长远的发展计划，是对未来整体性、长期性、基本性问题的思考和考量，是将一个系统中的资产作最有效的分配、安排，使系统达到最佳的绩效表现。其具体内容包括：规划是针对组织的未来目标而制订执行计划，期望达到最佳化的表现；在规划实施的考核上，不只是考虑静态的系统安排，更需要考虑系统可随时应变的弹性能力；规划必须和组织结构完整、充分地结合，并配合专业人员负责此项工作，以便将规划内容付诸实施时，能持续跟踪改进，达到最佳的绩效表现。

2. 规划的范围

①场址选择：对设施进行地区和地点的选择。

②布置设计：对建筑物、设备、运输通道、场地进行合理配置。

③搬运设计：对物料搬运路线、方法、器具及储存场地作合理安排。

④建筑设计：对建筑结构进行设计，以满足功能、空间、经济等需要。

⑤公用工程设计：对电力、照明、排水、通风等进行协调设计。

⑥信息通信设计：对信息通信的传输系统进行全面设计。

(二)规划的目标制定

在规划的准备阶段需组建仓库规划建设项目组，由项目组确定规划目标，具体包括功能目标及营运目标。

(1) 仓库营运方式的制定，如新增营运项目、扩大服务的地理范围、缩短补货时间，新的营运指标应该根据公司的新的营运策略重新制定。

(2) 计划预期时间表，包括仓储中心何时开始正式运作，计划应适时排定，将来规划时应遵照日程逐步进行。

(3) 计划投资预算。投资预算在每个计划中是非常重要的考虑因素，规划设计时，必须在可应用的投资预算内完成。

(4) 最大营运量。仓储中心每日的最大吞吐量、最大存放量，必须作为设计配送中心时的基准。

(5) 人力运用策略。未来配送中心成立时，各部门所需的人员数，以评定用人成本，并评估自动化的程度，以决定未来的作业方式。

（6）使用年限。根据预定使用年限可以选用适当的建筑材料，并计算出每年的折旧率等。

二、收集资料

收集资料的目的在于把握现状，根据掌握的资料，认识企业现有的物流状况。需要收集的信息包括物流网络、信息网络、物流设备、人力资源、作业成本、投资效率、作业流程等资料。

1. 物流网络资料

（1）服务网点，包括转运站、仓库、零售点等。

（2）服务水准。可根据区域、路线或顾客来区分，并分别调查现有服务水准，包括交货期、缺货率、送达时间等。

2. 信息网络资料

在各物流网点配置电脑，并标明各层次电脑服务范围、连线、即时传输数据的能力，同时表明何处仍处于没有连线、仍然使用电话或电传的状态。库存登录及货品移送在信息网络中的登录程序。接单、紧急配送的频度及处理方法。

3. 物流设备资料

配送中心内部设备，如拖车、堆高机、吊车、货柜，运输配送工具，如大货车、小货车等，同时也要根据不同路线、地区的情况分析各种运输工具的便利性、确实性、迅速性、安全性、经济性和可靠性。

4. 人力资源资料

人员配置情况可以从配送中心的组织配置图获得，要对现有员工的教育程度、年龄、性别有充分了解。

5. 作业成本资料

（1）土地成本：租金、地价税等。

（2）建筑物：折旧费、保险费、修缮费、租金等。

（3）设备、工具：折旧费、租金、保养费等。

三、地址选择

企业规模的扩大，以及对成本控制的要求，使得仓库不仅是一个单纯意义上的储存、配送商品的建筑物，而且还在物流系统的成本－服务平衡的关系中起着重要的作用。固定设施在整个物流网络中的地址选择决定了整个物流系统的模式、结构和形状。选址决策的中心问题主要集中在仓储中心的数目和位置上。比如：企业应该使用几个仓储中心？位置定在哪里？每个仓储中心服务哪些区域？在每个仓储中心中主要存储及配送哪些商品？仓储中心的规模如何？这些问题都要进行综合分析。

（一）选址的思路

关于选址，土地经济学家和区域地理学家曾提出了很多经典的理论。运输成本在选址决策中是贯穿这些早期研究的共同主题。下面是三种常见的选址思路。

1. 杜能的地租出价曲线

杜能认为，任何经济开发活动能够支付给土地的最高地租或利润是产品在市场内的价格与产品运输到市场的成本之差。他将理论形象地描述为平原上孤立的城邦（市场），城邦附近的土质条件一样，任何地点都可以耕作，各种经济活动将根据其支付地租的能力分布在城邦周围。那些能够支付最高地租的经济活动将分布在距离城市中心最近的地区以及主要运输枢纽的周边地区。

杜能考察问题的方法是"孤立化的方法"。利用这一方法是为了排除其他要素（像土质条件、土地肥力、河流等）的干扰，而只探讨一个要素（即市场距离）的作用。即不考虑所有的自然条件差异，而只是考察在一个均质的假想空间里，农业生产方式的配置与距城市距离的关系。

2. 韦伯的工业分类

韦伯认识到原材料在生产过程中所起到的作用及其对选址的影响，将选址分成三种情况。

（1）减重。有些生产过程是减重的（例如炼钢），即原材料的重量之和大于成品的重量。由于生产过程中存在毫无用处的副产品，所以重量损失了。为了避免将副产品运到市场，这些生产过程趋向于接近原材料产地，以使运输成本最小。

（2）增重。当普遍存在的要素（比如空气、水）进入生产过程时会发生这种情况。要尽可能缩短普遍要素的运输距离以使运输成本最小，生产过程就应该靠近市场。比如罐装软饮料行业就以这种方式定位工厂，他们将糖浆运到罐装厂，然后与水混合在一起制成成品，工厂通常坐落在产品的市场区域内。

（3）不变。有些生产过程的原材料与成品重量相同。比较典型的是装配线生产，其成品的重量是装配过程中的零部件重量之和。这种生产过程既不必趋近于原材料产地，也不必趋近于市场。企业在二者之间任意一点定位所发生的内向运输、外向运输成本的总和是一样的。

3. 胡佛的递减运输费率

胡佛观察到：运输费率随着距离的增加，增幅下降。如果运输成本是选址的主要决定因素，则要使内向运输与外向运输的总成本最小。

（二）选址的影响因素

进行仓库选址决策时，需要考虑各种影响因素和要求，在此基础上进行综合考虑。其中主要考虑的是成本因素，应按有计划、按比例的原则，合理设置仓库和进行布局，使其规模、结构、数量和分布适应生产和流通的需求，从而合理组织物流。

1. 经济因素

（1）宏观经济政策。在进行仓库选址时，要充分考虑当地的政策法规等因素。有些地区采取比较积极的政策，鼓励在经济开发区进行仓库的建设和出租，并在税收、资本等方面提供相应的优惠政策。同时，这些地区在交通、通信等方面的基础设施建设条件较好。因此，在选址时可以充分利用以上政策方面的优惠。

（2）建设和营运成本。

①运输成本。通过合理选址，使运输距离最短，尽量减少运输过程的中间环节，从而使运输成本最低，服务最好。

②采购成本。企业对原材料供应的要求一般比较严格，将仓库地址定位在原材料附近，不仅能够保证原材料的安全供应，而且能够降低运输费用，减少时间延迟，获得较低的采购价格。

③劳动力成本。无论是手工密集型还是技术密集型的仓库作业，都需要有一定素质的人才。不同地区工资水平可能不尽相同，这些都是仓库选址决策者需要考虑的问题。

④建筑成本和土地成本。不同的选址方案，在对土地的征用、建筑等方面的要求是不相同的，从而可能导致不同的成本开支。因此，在仓库选址过程中，应尽量避免占用农用地。

2. 环境因素

（1）地理因素。仓库一般要避免选址在有不良地质现象或地质构造不稳定的地段，同时，在沿江河地区选择仓库地址时，要调查和掌握有关的水文资料，特别是汛期洪水最高水位等情况，防止洪水侵害。另外还应详细了解当地的自然气候环境条件，包括湿度、盐分、降水量、风向、风力等。

仓库地址要有适宜建库的地形和必要的场地面积，要充分合理地利用地形，尽量减少土石方工程。库址地形横向坡度应考虑工厂的规模、基础埋置深度、土方工程量等因素。选址时，应注意节约用地，尽量利用荒地和劣地，仓库及其配套设施应与周边规划相协调。仓库地址不应开设在有开采价值的矿藏上，应避开重点保护的文化遗产。要注意调查当地可能提供的建筑材料等条件。同时，仓库地址附近应有足够的施工场地。

（2）配套设施。

①交通运输条件。仓库的选址地点应具有良好的交通运输条件，仓库地址应选择靠近现有的水陆交通运输线，对于大型仓库还应考虑铺设铁路专用线或建设专用水运码头等。

②水电供应条件。仓库选址应靠近水源、电源，以保证方便和可靠的水电供应。

3. 竞争因素

（1）竞争对手。竞争对手的仓库选址对企业的选址工作是有一定影响的，对竞争对手的竞争策略，与竞争对手的实力对比，与竞争对手的差异等，都会影响企业的选址工作。

（2）服务水平。为了能够更好地服务客户，提高对客户需求的反应速度，企业一般应将仓库建立在服务区域的附近。

（三）选址的方法

选址问题分为中心选址和单一仓储中心选址两种情况，这里主要介绍单一仓储中心的选址方法。当完全新建一个仓库时，可用因素比重法、盈亏平衡分析法、模拟模型法、重心法、微分法和运输模型法等来进行评估选址。

1. 因素比重法

选址中要考虑的因素很多，但是总是有一些因素比另一些因素相对重要。决策者要判断各种因素孰轻孰重，从而使评估更接近现实。按如下步骤进行。

（1）列出所有相关因素。

（2）赋予每个因素以权重以反映它在决策中的相对重要性。

（3）给每个因素的打分取值设定一个范围（1~10分或1~100分）。

（4）用第3步设定的取值范围就各个因素给每个备选地址打分。

（5）将每个因素的得分与其权重相乘，计算出每个备选地址的得分。

（6）考虑以上计算结果，总分最高者为最优。

运用这种因素评分法应注意，由于确定权数和等级得分完全靠人的主观判断，因此，只要判断有误差就会影响评分数值，从而影响决策的科学性。目前关于确定权数的方法很多，比较客观准确的方法是层次分析法。此方法有较为严密的科学依据，在做多方案多因素评价时应尽可能采用层次分析法。

2. 盈亏平衡分析法

这是工程经济和财务管理中的基本方法，在选址评价中可用于确定特定产量规模下，成本最低的设施选址方案。它建立在产量、成本、预测销售收入的基础之上。盈亏平衡分析法主要有以下四种。

（1）按采用的分析方法的不同分为图解法和方程式法。

（2）按分析要素间的函数关系不同分为线性和非线性盈亏平衡分析。

（3）按分析的产品品种数目多少，可分为单一产品和多产品盈亏平衡分析。

（4）按是否考虑货币的时间价值分为静态和动态的盈亏平衡分析。

3. 模拟模型法

模拟技术在物流规划中十分重要，有广泛应用，其优点在于能方便地处理随机性的变量要素，并能对现实问题进行比较全面的描述。通过仓库选址的模拟技术，将成本、运输方式与运输批量、库存容量与周转等要素以合理的数量关系加以描述，并通过编制计算机程序进行物流网络的模拟运行。通过对模拟结果的评估分析，选出最优的方案。

（四）选址的步骤

1. 调查准备

（1）组织准备。由投资策划方组织相关的工程技术人员、系统设计人员和财务核算人员成立一个专门的工作小组。

（2）技术准备。根据拟新建仓库的任务量大小和拟采用的储存技术、作业设备对仓库需占用的土地面积进行估算。调查了解仓库所处地区的自然环境、交通运输网络、地震、地质、水文、气象等资料。

（3）现场调查。现场调查的主要任务是具体考察拟建仓库地点的实际情况，为提出选址报告掌握第一手资料，并进行综合分析确定多个备选地址。

2. 提出选址报告

仓库选址报告应该包括以下内容。

（1）选址概述。简明扼要地阐述选址工作组的组成、选址工作进行的过程及选址的依据和原则，简单介绍可供选择的几个地点，并推荐一个最优方案。

（2）选址要求及主要指标。说明为了适应仓库作业的特点，完成仓储生产任务，备选地点应满足的基本要求，简述各备选地址满足要求的程度。列出选址的主要指标，如仓库总占地面积、仓库存储能力、仓库职工总数、水电需用量等。

（3）库区位置说明及平面图。该部分说明库区的具体方位，四周距主要建筑物及大型设施的距离，附近的地形、地貌、地物等，并画出区域位置图。

（4）建设时占地及拆迁情况。该部分要说明仓库建设占地范围内的耕地情况、拆迁户数及人口数，估算征地和拆迁费用。

（5）当地地质、地震、气象和水文情况。该部分包括备选地的地质情况、地震烈度、气温、降水量、汇水面积、历史洪水水位等。

（6）交通及通信条件。该部分要说明备选地的铁路、公路、水运及通信的设施条件和可利用程度。

（7）地区协作条件。该部分要说明备选地供电、供水、供暖、排水等协作关系以及职工福利设施共享的可能程度。

（8）方案对比分析。对提出的几个备选地址，依据已经确定的原则和具体指标进行对比分析，分析每个仓库方案的利弊得失，并提交给企业最高决策层审批。

四、仓库规划

（一）仓库规划概述

仓库规划是指在一定区域或库区内，对仓库的平面布局、数量、规模、地理位置、仓库内设施等要素进行科学的规划和整体设计。规划合理与否，对仓库的设计、施工与运用，对仓库作业质量和仓库安全，对仓储作业效率和保证供应，对节省投资和运行费用等，都会产生直接和深远的影响。

仓库规划的主要内容包括：确定仓库网点的数量、规模及服务范围；仓库的选址；库区平面布局设计；仓库建筑类型及规模确定；仓库设备类型及数量的确定；仓库作业流程确定；仓库建设投资及运行费用的概算。在仓库规划时，要注重严肃性和预见性、适用性和经济性以及科学性和可行性。

（二）仓库规划流程

1. 筹备阶段

（1）成立项目组。在决定筹建仓库时，首先应该决定仓库建设项目的成员组成。

（2）收集基础规划资料。收集资料的目的在于把握现状，根据掌握的资料，认识企业现有的物流状况。需要收集的信息包括物流网络、信息网络、物流设备、人力资源、作业成本、投资效率、作业流程与前置时间等资料。

（3）规划目标的制订。主要考虑新营运方式的制订、计划预期时间表、最大营运量设定、仓库使用年限等内容。

2. 规划设计阶段

（1）基础资料的分析。基础资料分析包括现状分析及与同行业比较分析。其目的在于分析物流系统现状，发现问题。现状分析主要包括对环境、搬运状况等与商品品质有关的分析、交货快慢分析及手续简便性分析等；与同行业的比较包括实体条件比较、软件比较及企业形象比较等。

（2）规划条件设定。规划条件设定一般包括4个方面。

①营运能力设定。营运能力设定不一定是全面增加设备或空间，主要是打破瓶颈。

②服务水准的提升。这既需要软、硬件人员的全面配合，也需要整个物流系统的变更与整合。

③规划应合理化、省力化，或设备自动化、电脑化。

④为了应对多品种、小批量、多频率的物流环境，应设置弹性化、智能型的物流系统。

（3）作业需求功能规划。包括新仓库的作业流程、设备与作业场所的组合等，应逐一检查各项作业内容，在合理化、简单化与机械化的原则下，完成各作业阶段的需求规划。

（4）仓库设施需求规划与选用。包括仓储生产作业区的建筑物与设备规划。

（5）服务设施的规划。服务设施是指支援仓库作业系统连续运作的设施，除了配送中心所需要的动力间、配电室、设备维修间、器材室外，仓库规划时，还应注意以下各种设施的规划：空调设备、安全管理、通信设备、搬运设备停放区、办公室及其他员工活动场所的规划。

（6）信息系统规划。现代仓库管理的特点是信息处理量比较大。仓库中所管理的物品种类繁多，而且由于入库单、出库单、需求单等单据发生量大、关联信息多，查询和统计需求水平高，管理起来有一定难度。因此需要统一各种原始单据、账目和报表的格式，实现信息化管理，做到实用、方便，满足企业中不同层次员工的需要。

（7）整体布局设计。估算进货区、储存区、拣货区、出货区等各作业区域的大小，并按照各作业区域的作业关系决定各区的摆放位置。另外，还需确定商品通过仓库进出的总规模、总容积以及订货处理的平均重量等。

3. 方案评估与选择阶段

通常，一般的规划都有备选方案，完成后应该根据原规划的基本方针，以及原规划的基准，如预算、可能完成的期限、效益等来评估，并选择最佳方案。

4. 局部规划设计阶段

在已经选定的建库地址上规划各项仓库设施设备等的实际方位和占地面积，主要考虑计划投资预算以及未来人力运用策略等问题。

5. 计划执行阶段

当各项成本和效益评估完成以后，如果企业或组织决定建设该仓库，便可进入计划执行阶段。

（三）仓库的类型

1. 仓库的概念

仓库是保管、储存物品的建筑物和场所的总称。一个国家、一个地区、一个企业的物流系统中需要有各种各样的仓库，它们的结构形态各异，服务范围和对象也有着较大的差别。正确认识和把握各种仓库的特点对于仓库设施规划和仓储管理工作具有重要意义。

2. 仓库的分类

仓库按不同的标准可进行以下五种不同的分类。

（1）按营运形态分类。按营运形态可分为营业仓库、自备仓库、公用仓库、出口监管仓库、保税仓库等。

（2）按储存商品的性能和技术条件分类。按储存商品的性能和技术条件可分为普通仓库、专用仓库、特种仓库等。

（3）按建筑样式分类。按建筑样式可分为平面仓库、多层仓库、立体仓库、罐式仓库、简易仓库、露天仓库等。

（4）按库内形态分类。按库内形态可分为地面型仓库、货架型仓库、自动化立体仓库、斜坡道型仓库等。

（5）按仓库功能分类。按仓库功能可分为集货中心、分货中心、转运中心、加工中心、储调中心、配送中心、物流中心等。

五、仓库库区规划

（一）仓库库区规划的原则和要求

仓库库区规划应根据仓库场地条件、仓库业务性质和规模、物资储存要求以及技术设备的性能和使用特点等因素，对仓库组成部分，如库房、货场、辅助建筑物、库内通道、附属固定设备等，在规定范围内进行平面的合理安排和布置。

1. 仓库布局的原则

仓库布局要适应现代物流生产流程，有利于生产正常进行；有利于提高仓库经济效益；有利于安全生产和文明生产。

尽可能采用单层，因为这样不仅造价低，资产的平均利用率也高。货物在出入仓库时直线或直接流动，以避免逆向操作和低效运作。在仓库里采用有效的存储计划，尽量充分利用已有空间。在物料搬运设备大小、类型、转弯半径的限制下，尽量减少过道所占的空间，同时，还应考虑产品所造成的一些限制条件。尽量利用仓库的容积。

2. 仓库布局的要求

要根据仓库作业的程序，方便仓库作业，有利于提高作业效率。要尽可能减少储存物资及仓储人员的运动距离，以提高劳动效率，节约仓储费用。要有利于仓库作业时间的有效利用，各个作业环节的有机衔接，尽量减少人员、设备窝工，防止物资堵塞。要有利于充分利用仓库面积和建筑物空间，提高仓库的利用率和仓库的经济效益。要有利于仓库各种设施、储运机械效用的充分发挥，提高设备效率，提高劳动效率。要有利于安全，符合三防（防水、防火、防爆）要求。

（二）仓库布局设计

1. 仓库平面布置

（1）仓库平面布局的要求。仓库平面布局总的要求是：从系统的角度出发，整体优化，以达到物料最顺畅快捷，物料运转周期最短，并符合安全生产和仓储作业流程的要求，从而确保仓库空间被综合、充分、均衡、灵活地应用。

（2）仓库容量和仓库面积的确定。仓库容量主要取决于拟存货物的平均库存量。货物平均库存量是一个动态指标，它随货物的收发而经常发生变化。作为流通领域的经营性仓库，其库存量难以计算，但可以确定一个最大吞吐量指标；作为制造企业内的仓库，可根据历史资料和生产的发展，大体估算出平均库存量。一般应考虑5～10年后预计达到的数量。在库存量大体确定后，还要根据拟存货物的规格、品种、体积、单位重量、形状和包装等确定每一个货物单元的尺寸和重量，以此作为仓库的存储单元。

库房面积包括有效面积和辅助面积。其中有效面积指货架、料垛实际占用面积；辅助面积指收发分拣作业场地、通道、办公室和卫生间等需要的面积。

（3）仓库作业区的规划。仓库作业区的规划要以主要库房和货场为中心，合理布置各个区域，力求最短的作业路线，减少库内运输距离和道路占用面积，以降低作业费用和提高面积利用率。

作业区主要包含信息中心、验货区、储存区、理货区、配装区、发货区等，影响仓库作业区布置的主要因素有商品吞吐量、机械设备的使用特点、库内道路、仓库业务及作业流程等。

（4）辅助作业区。该区是为仓储业务提供各项服务的设备维修车间、车库、工具设备库、油库、变电室等。一般来说，油库的位置应该远离维修车间、宿舍等容易出现明火的场所，周围需设置相应的消防设施。

（5）行政生活区。该区是行政管理机构办公和职工生活的区域，具体包括办公楼、警卫室、化验室、宿舍和食堂等。为了便于业务接洽和管理，行政管理机构一般布置在仓库的主要出入口，并与生产作业区用隔离墙分开。这样既便于工作人员与作业区的联系，又避免非作业人员对仓库生产作业的影响和干扰。职工生活区一般应与生产作业区保持一定距离，既能充分保证仓库的作业安全又能确保生活区的安宁。

（6）通道设计。通道设计是否合理是影响物流效率的重要因素之一。一般厂房布置规划需先划定通道的位置，而后分配各作业区域。通道的设计应能方便产品和货物的存取、装卸设备的进出及预留必要的服务区间。一般情况下，库房通道应设有纵向或横向的进出库通道，大型库房还应同时设纵向和横向进出库通道。库房内各作业区之间还应留有作业通道，通道的宽窄应根据装卸搬运机械的类型确定。

2. 仓库的空间规划

仓库的空间规划是指仓库在立体空间上的布置,即仓库建筑高度的规划。仓库基建时,应因地制宜地将自然起伏的地形加以适当改造使之满足库区内各建筑物、库房和货场之间的装卸运输要求,并合理解决场地排水问题。

(1)库房标高。库房地面标高与库区路面的高度决定着仓储机械化程度和叉车作业情况。库房地面与路面之间的高差要适当,以利于提高机械作业的效率。

(2)货场标高。货场标高与铁路专用线高度的关系是:货场一般沿铁路专用线布置,多数跨铁路专用线两侧,在标高方面,应确保铁路专用线的正常运营。

(3)站台标高。装卸站台通常根据商品批量大小、搬运方式和运输工具的不同进行设计,一般分为高站台和低站台。处理多品种、少批量的商品,一般采用高站台;处理少品种、大批量的商品,一般采用低站台。另外,还有一种可升降站台,即根据实际需要调节高度和坡度。

(4)地面承载能力。仓库地面单位面积承载能力因地面、垫层和地基结构不同而不同。应充分利用空间,同时使用各种装卸机械设备配合作业,加速库存商品的周转。

任务三 仓储质量管理

一、仓储质量管理概述

（一）仓储质量管理的有关概念

1. 仓储质量的含义

仓储质量是指按照仓储合同的规定履行职责、妥善保管仓储物资、有效防范仓储风险、及时响应客户需求、与客户友好合作、为客户提供细致周到的服务和满足客户的质量要求等，实现及时准确的服务。

2. 仓储质量管理的含义及重要性

质量是企业的生命，没有了质量，企业的生产和经营将无法存续下去。仓储质量管理指的是与储存在仓库的物资有关系的一切质量活动的过程，仓储质量管理对仓储企业的良好运行具有重要的现实意义。

（1）仓储质量是保持物资质量的必要条件。物资在仓储过程中若要保持其使用价值和原有质量，就必须采取各种管理技术措施，开展对商品入库、检验、堆码、存放、养护、出库、装卸搬运、发运各环节，甚至全过程的质量管理，并通过各项经济指标来衡量和反映各环节的质量完成状况，以规范各环节的工作，从而确保物资完好无损。

（2）仓储质量是实施物资供应的有力保证。仓储质量管理以服务用户为目的，所以，搞好仓储质量管理，就能保证为用户提供质量完好的物资，提高服务质量，达到准确、及时、安全、节约的要求，保证良好的物资供应。

（3）做好仓储质量管理是提高仓储经济效益和仓储管理水平的有效手段。仓储质量反映整个仓储工作的基本情况，仓储的各项工作都不可避免地存在质量问题，包括工作质量和服务质量问题。所以，如果仓储的质量管理搞好了，就可以减少各种差错、隐患和损耗，从而节约开支，降低仓储费用，提高仓储经济效益。

（4）做好仓储质量管理有利于提高仓储企业的竞争能力。仓储质量的好坏，可以直接影响仓储企业的信誉。要想提高仓储经营的竞争能力，就必须不断改善经营管理水平，提高服务质量，这些都只能通过提高仓储质量才能实现。

3. 仓储质量管理的内容

仓储作为物流系统的支柱之一，以向用户提供及时、准确、完善的服务为目标。仓储质量管理包含以下内容。

（1）物资出入库质量。物资入库业务是仓储业务的第一个环节，其工作质量的好坏，直接关系到物资保管业务和出库业务的工作质量。因此，物资入库必须做到：入库手续凭证要符合要求，按入库单及其他各种有关凭证办理入库；凭证要填写清晰，内容准确；入库商品要做到账、卡、货相符等。要把好出库关，必须根据正式出库凭证来组织出库业务。按照先进先出、易霉先出、易锈易坏先出、近期失效先出的物资发货原则出库。出库物资要质量完好，数量准确，包装牢固，标志清楚。出库物资的各种凭证要及时传递，加速业务结算。

（2）物资验收质量。验收是确保物资数量准确、质量完好的关键环节。验收人员应态度认真，采取科学有效的方法进行验收，验收要及时和准确。搞好物资验收工作，一方面可以为物资的储存保管工作打下良好的基础，另一方面也可以凭物资验收记录进行索赔、退货和换货。

（3）物资保管质量。物资储存保管的责任是要保持好物资的原有使用价值，使物资的质和量两方面都不受损失。因此，必须加强科学管理，研究和掌握影响物资变化的各种因素，采取科学的保管保养方法。按照"预防为主，防治结合"的方针，做到妥善保管、合理存放、精心保养、账物相符。

（4）装卸、搬运质量。物资的装卸、搬运应做到作业通道畅通、运作连续，确保作业对象完好无损，物资规格、品种不混淆，堆码整齐牢固，文明装卸、轻拿轻放等。

（5）设备管理质量。仓储工作离不开各种机械设备，因此，选好、管好、用好各类设备对提高仓储质量水平起着重要作用。设备的选择应考虑技术上先进和经济上合理两方面；设备的养护，应达到齐备、清洁、润滑、安全的要求；使用中应严格遵守操作规程。另外还应做好设备的维修和更新工作。

（6）技术应用和创新。为了紧跟现代仓储管理的发展趋势，要不断提高仓储管理的数字化水平和自动化水平。通过引入先进的仓库管理系统、自动化设备等，提高仓储管理的效率和准确性，同时降低人工成本和误差率。另外，还要关注仓储管理技术的最新发展动态，并积极引入创新成果。

（二）仓储质量指标

因为库存货物的性质差别较大，货主所要求的物流服务内容也不尽相同，所以，各仓储企业反映仓储业务作业质量的指标体系也会有所不同。在此主要介绍下面几个指标。

（1）物资收发差错率。收发差错率是以收发货所发生差错的累计次数占收发货总次数的百分比来计算，此项指标反映仓储部门收、发货的准确程度，计算公式如下：

$$物资收发差错率 = 收发差错累计次数 / 收发货物总次数 \times 100\%$$

收发差错包括因验收不严、责任心不强而造成的错收、错发，不包括丢失、被盗等因素造成的差错，这是仓储管理的重要质量指标。

（2）业务赔偿费率。业务赔偿费率是以仓储部门在计划期内发生的业务赔偿金额占同期业务总收入的百分比来计算，此项指标反映仓储部门履行仓储合同的质量，计算公式如下：

$$业务赔偿费率 = 业务赔偿费总额 / 业务总收入 \times 100\%$$

业务赔偿费总额是指在入库、保管、出库阶段，由于管理不严、措施不当而造成库存物损坏或丢失所支付的赔款和罚款，以及因为延误时间等所支付的罚款，意外灾害造成的损失不计。业务总收入指计划期内仓储部门为客户提供仓储业务所收取的费用之和。

（3）物资损耗率。物资损耗率是指保管期内，某种物资自然减少的数量占该种物资入库数量的百分比，此项指标反映仓库物资保管和维护的质量水平，计算公式如下：

$$物资损耗率 = 物资损耗量 / 期内物资保管总量 \times 100\%$$

或

$$物资损耗率 = 物资损耗额 / 期内物资保管总额 \times 100\%$$

物资损耗率指标主要用于评估易挥发、易流失、易破碎的物品的损耗情况。

（4）物资缺损率。物资缺损率是指保管期内，物资缺损的数量占该期内入库物资数量的百分比，此项指标也反映仓库物资保管和维护的质量和水平，计算公式如下：

$$物资缺损率 = 期内物资缺损量 / 期内物资总数 \times 100\%$$

（5）账实相符率。账实相符率是指在进行货物盘点时，仓库保管的货物账面上的结存数量与库存实有数量的相互符合程度。计算公式如下：

$$账实相符率 = 账实相符件数 / 期内储存总件数 \times 100\%$$

账实相符率可以衡量仓库账面货物的真实程度，反映保管工作的完成质量和管理水平，这是避免货物损失的重要手段。

（6）物资及时验收率。物资及时验收率表明仓库按照规定时限验收执行的情况，计算公式如下：

$$物资及时验收率 = 及时验收笔数 / 期内收料总笔数 \times 100\%$$

（7）库存周转率。库存周转率是衡量仓库管理效率的重要指标，它反映了仓库在一定时间内库存物品的平均流动速度。可用如下公式计算：

$$库存周转率 = 销售成本 / 平均库存余额 \times 100\%$$

较高的库存周转率高意味着库存物品在仓库中停留的时间较短，表明仓库中的商品流动迅速，库存积压少，资金利用率高。这有助于降低库存成本，减少过期和损耗，提高现金流。

（8）仓库利用率。这是衡量仓库空间使用效率的指标，包括库存货物量与仓库总容量之比、仓库有效面积使用率等。

二、仓储质量管理方法介绍

（一）全面质量管理（TQM）

1. 全面质量管理（TQM）方法

TQM 是一个以质量为中心，以全员参与为基础，目的在于通过让顾客满意和企业所有成员及社会受益而达到长期成功的管理途径。TQM 的基本观点如下。

（1）为用户服务。仓储企业应以存货单位、收货单位和供货单位的需求为首要需求，真心诚意为顾客服务，并做到保管好物资、收费合理、供应及时和准确、资料完整；同时在技术指导、业务咨询及其他代理项目中提供优质服务。

（2）预防为主。把质量的事后检验转移到事前控制，做到防患于未然，从而避免付出更高的代价。在物流企业生产全过程中，需在环节之间和工序之间设置严格的质量控制机制，事先有预见地消除在人员、设备、方法、材料及环境等各方面各种不利因素，保证产品及服务质量。

（3）前一道工序为后一道工序服务。前一道工序为后一道工序服务是一切为了用户观点的体现。全面质量管理的精髓要求把后一道工序当作是用户，质量符合标准后，工序才能后移。部门之间、环节之间以及人与人之间都应有严格的质量要求和质量责任，才能保证产品的质量。

2. 全面质量管理（TQM）在仓储管理中的应用

开展全面质量管理是企业质量管理最基本的方法，仓储全面质量管理是以仓储产品的质量为中心，将组织管理、专业技术和统计方法密切地结合起来，以最优的质量、最低的消耗、最佳的服务，达到客户满意为目标，运用一定的组织体系和科学的管理方法，对仓储全面质量进行全员性的、全过程的管理。在仓储管理中，TQM 包括以下四个方面。

（1）管理对象全面。管理对象不仅包括储存物资的质量，即物资经过仓储过程后保持原有的自然属性和使用价值的程度，而且还包括仓储内部各部门、各级机构、各环节的工作质量，如仓库设计规划、仓储计划、仓储作业、仓储管理、商务、财务、人力资源、设备管理等各方面。

（2）全过程管理。全过程质量管理是指对从市场宣传、商务磋商到接运入库、验收、仓储安排、码垛、保管保养、包装，到出库发料、交付、客户保持等各环节、各工序中影响质量的全部因素加以有效控制，使质量管理贯穿于仓储业务活动的全过程。

（3）全员管理。全员管理包括直接参与仓储活动的所有部门及人员和支持部门及人员，从企业的高层到底层的员工都全部参与。要建立明确的目标和价值观，强调团队合作、持续改进、客户导向等核心价值观。使全体员工具有高度的质量意识，充分发挥主动性和创造性，确保仓储活动质量。要加强员工培训与技能提升，培训新设备的操作方法、仓储管理系统的使用、先进的拣选和分拣技术等。鼓励员工自主学习，提供学习资源和学习平台，促进员工的个人成长和发展。

（4）系统管理。对于整个仓储活动的质量管理，需要依据统一的质量标准和质量体系，对所有部门、人员都要有相同的质量责任要求。

（二）戴明循环法（PDCA）

戴明循环是一个质量持续改进模型，它包括4个持续改进与不断学习的循环反复的步骤。这里P（Plan）是计划，D（Do）是实施，C（Check）是检查，A（Action）是处理。即按照"计划→实施→检查→处理→计划"这样的程序，不断循环，周而复始。戴明循环与生产管理中的"改善""即时生产"紧密相关。

1. PDCA 的四个阶段

第一阶段，计划阶段（P），是明确目标、制订方案的过程，它是整个循环的起点和基础。

第二阶段，实施阶段（D），是将制定的计划和措施进行具体组织和实施的过程，是整个循环成败的关键。

第三阶段，检查阶段（C），检查计划的执行情况，对整个循环起着控制和把关的作用。

第四阶段，处理阶段（A）是一个总结与改进的环节，是使循环得以自我完善的重要阶段。

2. PDCA 循环的特点

（1）周而复始。PDCA 循环的四个过程是一个周而复始，不断反复进行的过程。

（2）大环带小环。整个仓库构成 PDCA 大循环，各作业班组或其他部门构成中循环和小循环，形成大环套小环的格局。

（3）阶梯式上升。PDCA 循环不是停留在一个水平上的循环，每一次循环，都有新的目标和内容，每完成一次循环，质量水平就提高到一个新的阶段，并在新的水平上进入下一次循环，不断推动企业迈上新的台阶。

PDCA 循环应用了科学的统计观念和处理方法，是进行工作和解决问题的工具。PDCA 循环体现了管理工作的全面性和广泛性，每一个环节都可以延伸到每一部门、每一人员，促使全员参与、群策群力来实现持续优化、持续创新。

（三）因果分析法

影响产品质量的因素多种多样，这些因素往往又错综复杂地交织在一起，企业只有准确地找出问题产生的根源才能从根本上解决问题，进而保证质量得到持续改进。

因果分析图就是寻找质量问题产生原因的一种有效方法，它能清晰、有效地整理和分析出产品质量和诸因素之间的关系。

因果分析法是通过因果分析图表现出来的，因果分析图又称特性要因图或鱼刺图。因果分析法是1953年在日本川崎制铁公司最早使用的。为寻找某种质量问题的原因发动员工谈看法、做分析，将群众的意见反映在一张图上，就是因果分析图。用此图分析产生问题的原因，便于集思广益。因为这种图反映的因果关系直观、醒目、条理分明，用起来比较方便，效果好，所以得到了许多企业的重视。

一般说来，影响产品质量的原因尽管很多，关系复杂，但归纳起来不外乎两种关系，即平行关系和因果关系。在进行质量分析时，如果通过直观方法能够找出属于同一层的有关因素的主次关系（平行关系），就可以利用排列图对它们进行统计分析。但是由于因素在层间还存在着纵向的因果关系，这就要求有一种方法能同时整理出这两种关系，因果分析图就是根据这种需要而构思的。在具体分析时，我们可以从质量问题出发，首先分析哪些因素是影响产品质量的大原因，进而从大原因出发寻找中原因、小原因和更小原因，并查出和确定主要原因，进而有的放矢地解决问题。

（四）创新思维与新技术的探索

随着物流行业的发展，仓储管理已经成为企业物流管理中不可或缺的一环。仓储企业必须与时俱进，创新思维方式，引入先进技术和设备，提高作业自动化和智能化水平，降低人力成本，提高生产效率。

通过引入自动化技术，仓储企业可以实现仓储业务的智能化和高效化。采用自动化货架、输送带、堆垛机等设备，可以实现货物的自动化存储和取出，减少人工操作，提高工作效率。

通过引入信息技术和先进的仓储管理软件可以帮助企业更好地管理仓储过程。通过实时数据采集和分析，企业可以了解作业的运行状态、生产效率和产品质量等信息，进而制订更加精准的生产计划和改进方案。实现对货物的实时监控和管理，提高管理效率和准确性。

通过引入物联网技术可以实现设备之间的互联互通，提高设备的协同性和灵活性。通过物联网技术，企业可以实时监控设备的运行状态和性能，及时发现并解决潜在问题，确保设备的稳定性和可靠性。同时，物联网技术还可以帮助企业实现远程监控和维护，降低维护成本和停机时间。

引入先进技术和设备是企业实现精益生产、持续改进和永不止步的重要手段。通过不断引入新技术和设备，企业可以不断提升自身的仓储质量和竞争力，应对市场的挑战和变化。当然，企业还要加强员工的培训和教育，提高员工对新技术的掌握和应用能力，确保新技术能够充分发挥其最大的优势和作用。

项目小结

仓储管理是指对仓库和仓库中储存的货物进行管理,从广义上看,仓储管理是对物流过程中货物的储存以及由此带来的商品包装、分拣、整理等活动进行的管理。仓储管理是一门经济管理科学,同时也涉及应用技术科学。仓储管理的基本内容包括仓库的选址与建设问题、仓库机械作业的选择与配置问题、仓储成本控制等。保证质量、注重效率、确保安全、讲求经济是仓储管理的基本原则。仓储管理是社会再生产过程得以顺利进行的必要条件,是保存物资原有使用价值的必要环节,而且还是促进资源合理利用配置的重要手段。仓储管理流程主要包括订单处理作业、采购作业、进货入库作业、库存管理作业、配送作业、营运管理作业等。

仓库规划是指在一定区域或库区内,对仓库的平面布局、数量、规模、地理位置、仓库内设施等要素进行科学的规划和整体设计。仓库选址时,会受到经济因素、环境因素、竞争因素的影响,可采用因素比重法、盈亏平衡分析法、模拟模型法等方法进行选址。仓库布局要适应现代物流生产流程,有利于生产正常进行,有利于提高仓库经济效益,有利于安全生产和文明生产。仓库平面设计要从系统的角度出发,整体优化,以达到物料最顺畅快捷,物料运转周期最短,并符合安全生产和仓储作业流程的要求;空间规划应因地制宜地将自然起伏的地形加以适当改造使之满足库区内各建筑物、库房和货场之间的装卸运输要求,并合理解决场地排水问题。

仓储质量管理是保持物资质量的必要条件,是实施物资供应的有力保证,是提高仓储经济效益和仓储管理水平的有效手段,有利于提高仓储企业的竞争能力。

仓储质量管理的内容包括物资出入库质量、物资保管质量、装卸和搬运质量、设备管理质量等。仓储质量的度量指标有物资收发差错率、物资损耗率、账实相符率、库存周转率等。仓储质量管理方法主要有全面质量管理法(TQM)、戴明循环法(PDCA)、因果分析法、创新思维与新技术的探索等。

习题与实训

1. 什么是仓储管理?简述仓储管理的原则。
2. 简述仓储管理的内容。
3. 简述仓库管理员的职责。
4. 简述仓库选址的影响因素。
5. 考察一个仓库,分析说明其主要功能。
6. 仓储质量管理包括哪些内容?
7. 什么是 PDCA 循环法?其中 P、D、C、A 各代表什么含义?

项目四　仓储业务流程

学习目标

　　了解商品入库作业的影响因素、管理原则，掌握商品入库作业的基本流程。了解货位管理的目标及物品的分区分类，了解货品堆码的概念、原则及各种垛形，掌握主要的堆码方法、适用情况及物品的保管与养护方法。

　　了解出库作业的含义、基本要求、出库依据，掌握出库作业的一般流程。了解盘点作业的目的、步骤、方法及盘点作业的组织。

　　通过学习，学习者将具备仓储业务入库、货位管理、出库、盘点等知识和技能，并将有关理念和方法应用于乡村仓储企业的具体实践中。

引导案例　祥泰农园公司与盛丰农产公司签订的小麦交货储存合同

任务一　物品入库业务

　　物品入库业务是仓储业务管理的第一步，它是仓储业务的开始，直接关系到后面的在库、出库业务管理的顺畅与方便。物品入库一般经过入库前的准备、接货、卸货、分类、物品点验、签发入库凭证、入库堆码、登记入账等环节。对这些业务活动必须进行合理的安排和组织。

一、影响入库作业的因素

　　在进行入库作业组织与计划时，必须了解影响入库作业的主要因素。

1. 供应商的送货方式

供应商的送货方式将直接影响入库作业的组织和计划。仓库应考虑的信息包括：送货的供应商数量；送货的车型及车辆台数；每台车平均卸货的时间；物品到达的高峰时间；物品的装车方式；中转运输的转运方式。

2. 物品的种类、特性及数量

不同商品具有不同的特性，需要采用不同的作业方式。因此，每种商品的种类特性、外在形态与数量等也是入库作业的重要影响因素之一。具体表现在：每天平均送达的商品品种数，商品的尺寸及重量，商品的包装形态，商品的保质期以及装卸搬运方式。

3. 作业人员

入库作业要考虑如何合理利用仓库的人力资源，包括员工的技术素质、工作时间、工作时间的合理调配、高峰期的作业组织等。尽可能缩短进货作业时间，避免车辆等待装卸时间过长。

4. 仓库设备及存货方式

仓库设备也是组织入库作业的重要影响因素，叉车、传送带、货架储位的可用性等都要加以综合考虑。同时也要考虑物品在仓库期间的作业状态、是否需要拆捆开箱、再包装等，为入库安排提供帮助。

二、入库作业管理原则

入库作业是仓库作业的基础，必须遵守以下四个原则。

（1）集中作业。尽可能将卸货、分类、标志等作业集中在一个场所完成。

（2）保持顺畅。依据各作业环节的相关性安排活动，合理布置作业顺序，避免倒装、倒流，注意作业的顺畅性。

（3）集合化原则。对小件物品或可以使用托盘集合包装的物品，尽量固定在可流通的容器中进行搬运或存储，以减少货物倒装的次数。

（4）合理安排。平衡安排装卸货站台的使用，合理调配人力资源，优先安排入库高峰作业时间，保证入库作业的顺利进行。

三、入库作业的基本流程

入库作业的基本业务流程包括入库作业计划及分析、入库准备、接运卸货、物品验收作业、办理交接手续、处理入库信息等。

（一）入库作业计划及分析

商品入库作业计划是指仓库部门根据存货人对仓储需求的实际情况与仓储企业自

身的存储能力,来编制商品入库数量和入库时间进度的计划。它的主要内容包括入库商品的品名、种类、规格、数量、单件体积与重量、入库日期、所需仓库容量、仓储保管条件等。仓库部门对入库作业计划的内容进行分析后,结合物品的在库时间及物理、化学、生物特性等情况,再编制出具体的入库作业计划。

(二)入库准备

仓库工作人员应根据仓储合同或者入库单、入库计划,及时进行库场准备,以便货物能顺利地按时入库。仓库的入库准备需要由仓库的业务部门、仓库管理部门、设备作业部门分工合作,共同做好以下工作。

(1)熟悉入库货物。仓库管理人员应该了解入库货物的品种、规格、数量、包装状态、单件体积、货物存期、货物的理化特性等属性及保管的特殊要求,精确妥善地进行库场安排、准备。

(2)掌握仓库库场情况。仓库业务人员、管理人员应了解在货物入库期间、保管期间仓库的库容、设备、人员的变动情况,以便安排工作。对于必须使用重型设备操作的货物,一定要确保可使用设备的货位。必要时对仓库进行清查,清理货位,以便腾出仓容。

(3)制订仓储计划。仓库业务部门应根据货物情况、仓库情况、设备情况,制订仓储计划,并将计划下达到相应的作业单位、管理部门。

(4)妥善安排货位。仓库部门根据入库货物的各种属性,结合仓库分区分类保管的要求,核算货位大小,妥善安排货位,并确定苫垫方案、堆垛方法等。对于自动化的仓库,货位的分配一般由计算机管理系统自动完成。

(5)做好货位准备。仓库员要彻底清洁货位,清除残留物,清理排水管道(沟),必要时安排消毒除虫、铺地。同时,应详细检查照明、通风等设备,发现损坏及时通知修理。

(6)准备苫垫材料、作业用具。在货物入库时,根据所确定的苫垫方案,准备相应的材料以及所需用具,以便能及时使用。

(7)合理组织作业人员。根据货物入库的数量和时间,安排好货物验收、搬运堆码等各个工作环节所需的人员。

(8)验收准备。仓库理货人员根据货物情况和仓库管理制度,确定验收方法。准备验收所需的点数、称量、测试、开箱装箱、丈量、移动照明等各项工作所需的工具和用具。

(9)装卸搬运工艺设定。根据货物、货位、设备条件、人员等情况,合理科学地使用卸车搬运工艺,保证作业效率。

(10)文件单证准备。仓库员要妥善保管货物入库所需的各种报表、单证、记录簿等，如入库记录、理货检查单、料卡、残损单等，以备使用。

（三）接运卸货

商品的接运即商品的入库方式，是指仓库商品的来源方式，是入库的重要环节，包括到承运单位提货、到供货单位提货、供货单位送货到库、承运单位送货到库、铁路专用线接货、过户和转库到货等。要避免将一些在运输过程中或运输前就已经损坏的商品带入仓库，减少或避免经济损失。

（1）到承运单位提货。这种提货形式主要是零担托运、到货批量较小的货物。承运单位有车站、码头、民航、邮局等。提货时要注意认真了解货物的特征、单件重量、外形尺寸及搬运注意事项，安排好相应的设备、人力和货位；详细核对所提货物的品名、规格、数量等，并要注意商品外观，查看包装、封印是否完好，有无受潮、水渍、油渍等异状，若有疑点或不符，应要求运输部门查验确认，并索取相关证明；要注意货物安全。

（2）到货主单位提取货物。这是仓库受托运方的委托，直接到供货单位提货的一种形式。作业时，应将提货与物资的初步验收工作结合在一起进行。最好在供货人员在场的情况下，当场进行验收。因此，接运人员要按照验收注意事项提货，必要时可由验收人员参与提货。

（3）供货单位送货到库。供货单位送货到库时，保管员直接与送货人在收货现场办理接货手续，发现问题要及时分清责任。

（4）托运单位送货到库接货。当托运方送货到仓库后，接货人员根据托运单当场办理接货验收手续，检查外包装，清点数量，做好验收记录。如有质量和数量问题，托运方应在验收记录上签字。

（5）铁路专用线到货接运。铁路专用线到货接运是指仓库直接与铁路部门在库内发生货物交接的方式。接到专用线到货通知后，应立即确定卸车位置，尽量缩短场内搬运距离，组织好卸车所需要的机械、人员以及有关资料，确保按时完成卸车作业。

（6）过户。过户是指已存入仓库的货物通过购销使货物所有权发生转移的方式，在此类情况下，仅更换户名即可。

（7）转库。转库是指因需要出库，但未发生购销业务的一种入库形式，仓库凭转库单办理入库手续。

（四）商品验收作业

1. 验收的有关概念

（1）验收的定义。验收是指仓库在商品正式入库前，按照一定的程序和手续，对到库商品进行数量和外观质量的检查，以验证其是否符合合同规定的一项工作。

（2）验收的重要性。通过验收不仅可以防止企业遭受经济损失，而且可以起到监督供货单位和承运商的作用，同时可指导保管和使用。具体表现为：入库验收为商品保管和使用提供可靠依据；验收记录是货主退货、换货和索赔的依据；验收是避免商品积压、减少经济损失的重要手段；验收可以防止劣质商品进入流通渠道，有利于保证商品质量和维护企业利益。

（3）验收的基本要求。

①及时。到库商品必须在规定的期限内完成验收入库工作。因为未经过验收的商品不能入账，不算入库，不能供应给用料单位。所以只有及时验收入库，才能加快商品和资金周转。另外，商品因不合要求需退货、换货或索赔均有时限，也需加快验收进程。

②准确。验收应以商品入库凭证为依据，做到货、账、卡相符，才能提高账货相符率，降低收货差错率，提高企业的经济效益。

③严格。验收工作的好坏直接关系国家和企业的利益，也关系以后各项仓储业务的顺利开展。因此，直接参与验收人员要严肃认真，明确每批商品验收的要求和方法，严格按照仓库验收入库的业务操作程序办事。

④经济。商品在验收时，不但需要检验设备和验收人员，而且需要装卸搬运机械和设备以及相应工种工人配合。这就需要各方密切协作，以节省作业费用。另外，尽量保护原包装，减少或避免破坏性试验，也是提高作业经济性的有效手段。

（4）验收作业流程。商品验收包括验收准备、检查入库凭证和实物验收 3 个作业环节。

2. 验收准备

验收准备是货物入库验收的第一道程序，仓库应根据商品的性质和批量提前做好以下准备工作。

（1）全面了解验收物资的性能、特点和数量，根据需要确定存放地点、垛形和保管方法。

（2）人员准备。安排好有关验收的技术人员及装卸搬运人员。

（3）器具准备。准备好验收用的检验工具，例如衡器、量具等，并校验准确，以便保证验收数量的准确性和质量的可靠性。

（4）货位准备。确定验收入库时的存放货位，计算和准备堆码苫垫材料。若是危险品则需要准备防护设施。

（5）设备准备。大批量商品的数量验收，必须要有装卸搬运机械的配合，应做好设备的调用。

（6）确定抽验比例。验收分为抽样检验与全数检验，全数检验是对入库产品或物料全部加以检验而不遗漏的检验方法，而抽样检验是从一批产品的所有个体中抽取部分个体进行检验，并根据样本的检验结果来判断整批产品是否合格的活动，是一种典型的统计推断工作。因此，对于会引起质量变化或具有破坏性的抽样检验，就需科学合理地确定抽样的比例，使损失控制在合理的范围之内。

3. 检查入库凭证

商品到库后，仓库收货人员首先要检查商品入库单据，然后根据入库单据开列的货品单位、名称、规格、数量等内容进行核对。入库商品必须具备下列凭证。

（1）审核验收凭证。包括业务主管部门或货主提供的入库通知单和订货合同、协议书等，这是仓库接收商品的凭证。

（2）核对供货单位提供的验收凭证。包括材质证明书、装箱单、磅码单、发货明细表、说明书、保修卡及合格证等。

（3）核对承运单位提供的运单。包括提货通知单和登记货物残损情况的货运记录、普通记录以及公路运输交接单等，作为向责任方进行交涉的依据。

在验单过程中如果发现错送，应当拒收退回。对于一时无法退回的商品，必须在核对清单后另行存放，并且要及时记录待以后处理。

4. 货品验收

凡是商品进入仓库储存，必须经过检查验收，只有验收后的商品，才能入库保管。把好货物入库质量关，能有效防止劣质商品流入流通领域，划清仓库与生产部门、运输部门以及供销部门的责任界限，也为货物在库场中的保管提供重要依据。

（1）物品检验的方法。物品检验的方法主要有以下六种。

①视觉检验。利用视力观察物品的状态、颜色、结构等表面状况，检查有无变形、破损、变色、结块等损害情况以判定质量。

②听觉检验。通过摇动、搬运操作、轻度敲击，听取声音以判定质量。

③触觉检验。利用手感鉴定物品的细度、光滑度、黏度、柔软程度等，判定质量。

④嗅觉、味觉检验。通过物品所特有的气味、滋味来判定质量或者感觉串味损害。

⑤测试仪器检测。利用各种专用测试仪器进行物品性质的测定。如含水量、密度、黏度、成分、光谱等情况。

⑥运行检验。对物品进行运行操作，如电器、车辆等，检查其操作功能是否正常。

（2）实物验收。实物验收就是根据入库单和有关技术资料对实物进行数量和质量等的检验。

①数量检验。数量检验是保证物资数量准确不可缺少的措施，一般在质量验收之前，由仓库保管职能机构组织进行。按商品性质和包装情况，数量检验主要有计件法、抽验法、检尺求积等形式。

②重量检验。重量检验主要有检斤法、抽验法、除皮核实法、整车复衡法等形式。

按重量供货的全部检斤，按理论重量供货的全部检尺，后换算为重量，以实际检验结果的数量为实收数。

③质量检验。质量检验包括外观检验、尺寸检验、机械物理性能检验和化学成分检验四种形式。仓库一般只作外观检验和尺寸精度检验，后两种检验如果有必要，则由仓库技术管理职能机构取样，委托专门检验机构检验。

④包装检验。指对物资包装的好坏、干潮等情况的检查。如箱板的厚度，纸箱、麻包的质量等。对于包装的干潮程度，一般是用眼看、手摸的方法进行检查验收。

5. 办理交接手续

入库商品经过上述程序后，就可以与送货人员办理交接手续。表示仓库已接受物品。办理完交接手续，意味着划清了运输、送货部门和仓库的责任。完整的交接手续包括接受物品、接受文件、签署单证等。

6. 组织入库

验收完毕，就可以组织人力物力把货品储存到已规划好的货位。

7. 入库信息处理

物品入库后，应及时填写验收记录表，建立能详细反映物品储存信息的详细资料，包括物品名称、规格、数量、件数、累计数或结存数、批次、金额、货位号或运输工具、接（发）货经办人等，并将有关入库信息及时准确地输入管理信息系统，用以记录物品入库出库和库存动态的过程。

（1）登账。物品入库，仓库应建立详细反映物品仓储的明细账，主要内容有：物品名称、规格、数量、件数、累计数或结存数、存货人或提货人、批次、金额，注明货位号或运输工具、接（发）货经办人等。

（2）立卡。物品入库或上架后，将物品名称、规格、数量或出入状态等内容填在料卡上，称为立卡。插放在货架上物品下方的货架支架上或摆放在货垛正面明显位置。

（3）建档。将物资入库业务作业全过程的有关资料凭证进行整理、核对，建立资料档案，以便货物管理和保持客户联系。同时也有助于总结和积累仓管经验，为物资的保管、出库业务创造良好的条件。建档工作应一物一档，统一编号，由专人负责妥善保管。

四、入库作业常见问题

物品入库前验收时，可能会发现单证不齐、数量短缺、质量不符合要求等问题，应区别不同情况，及时在入库前处理。

1. 数量不符

入库物品验收发现与库单的数量不符时，应由收货人在凭证上做好详细记录，按实际数量签收，并通知发货方。

2. 质量问题

在接货时若发现运输过程中造成的质量问题，应会同承运方或送货人清查点验并确认，作为索赔的依据。如确认责任不在承运方，也应作出记录，由承运者签字，以便作为向供货方联系处理的依据。

3. 单货不符或单证不全

对于送货方由于各种原因造成的送货单据与实物不符、单证不全或分批到货等情况，要及时查明原因，按有关要求采取相应的解决措施。

任务二　物品在库业务

物品经过验收入库后，便进入在库作业管理阶段。物品的在库作业是仓储业务流程的核心环节，也是物品出库作业的基础。通过物品在库的合理保存和科学管理，不仅能保持物品原有使用价值，还能增加物品的价值，保证后续作业畅通。物品在库作业的具体内容包括物品分区分类存放、货位合理安排、物品正确堆码等。

一、物品的分区分类

在确定物品存放位置时，应采取分区分类储存。

1. 物品分区分类储存的概念

分区分类储存是指按照库存物品的性质（理化性质或使用方向）划分出类别，根据各类物品储存量的计划任务，结合各种库房、货场、起重运输设备的具体条件，确定出各库房和货场的分类储存方案，它是进行货位管理的前提条件。

分区分类储存物品可以缩短物品拣选及收发作业的时间，提高仓容利用率。有利于保管员熟悉商品的性能，提高保管养护的技术水平，有效提高机械化、自动化操作程度，有利于仓储物品的安全，减少损耗。

2. 物品分区分类储存的原则

（1）"四一致"原则。即属性一致、养护方法一致、作业手段一致、消防方法一致。

（2）靠近出口原则。将刚入库的物品安排到离出入口最近的空储位上。

（3）以周转率为基础原则。按照物品在仓库的周转率（销售量除以存货量）来排定储位。首先按周转率由大到小排出序列，再将此序列分为若干段，同属于一段中的货品列为同一级。指定储存区域给每一级货品，周转率越高的离出入口应越近。

（4）物品相关性原则。相关性大的物品尽可能存放在相邻位置，这样可以缩短提取路程，减少工作人员的劳动，也可以简化清点工作。

（5）物品互补性原则。互补性高的物品存放于邻近位置，以便缺货时可迅速以另一品项替代。与此相对的是相容性低的物品绝不可放置一起，以免损害品质，比如香烟、香皂、茶便不可放在一起。

（6）物品同一性原则。把同一物品储放在同一保管位置，这样可以提高仓储作业人员对于物品保管位置的熟知度，减少对同一物品的存取搬运时间。与物品同一性原则类似的还有物品类似性原则，即将类似物品比邻保管。

（7）先进先出原则。即先保管的物品先出库的原则。一般适用于寿命周期短的商品，例如食品等。库存管理中一般情况下都应体现先进先出原则。但在产品品种少、产品寿命周期长、保管时间短、破损不易产生等情况下时，需要考虑先进先出的管理费用与可得利益之间的平衡，再来决定是否要采用先进先出的原则。

（8）面向通道原则。将物品面对通道来保管，使仓储作业人员容易简单地辨识标号、名称，以便使物品的储存、取出能够容易且有效率地进行，这是使物流中心内部流畅作业及活性化的基本原则。

（9）重不压轻原则。储放物品时，重物应保管在地面上或货架的下层位置，而重量轻的物品则保管在货架的上层位置。若是以人工进行搬运作业时，人腰部以下的高度用于保管重物或大型物品，而腰部以上的高度则用来保管重量轻的物品或小型物品。这样可显著提高货架的安全性及人工搬运的灵活性。

3. 分区分类储放的方法

由于仓库的类型、规模、经营范围、用途各不相同，各种仓储物品的性质和养护方法也不同，因此，分区分类储存的方法也有多种，需统筹兼顾，科学规划。

（1）按物品的种类和性质分区分类储存。按照货物的自然属性，把怕热、怕光、怕潮、怕冻、怕风等具有不同自然属性的货物分区分类储存。

（2）按物品的危险性质分区分类储存。货物的危险性质，主要是指易燃、易爆、易氧化、腐蚀性、毒害性、放射性等。

（3）按物品的发运地分区分类储存。货物的储存期较短，并且吞吐量较大的中转仓库或待运仓库，可按货物的发往地区、运输方式、货主，进行分区分类储存，以便于仓库发货或货主提货。

（4）按仓储作业的特点分区分类储存。按仓库的条件及商品的特性分区分类储存。

（5）混合货位规划。即综合考虑按理化性质分类和按使用方向分类的优缺点，对通用物品按理化性质分类保管，专用物品则按使用方向分类保管。

4. 分区分类储存的优缺点

（1）分区分类储存的优点。这种储放方式可缩短商品拣选及收发作业的时间，合理使用仓存，提高仓容利用率。有利于保管员熟悉商品的性能，提高保管养护的技术水平，有效提高机械化、自动化水平。有利于仓储商品的安全，减少损耗。

（2）分区分类储存的缺点。分类储放较定位储放具有弹性，但也有与定位储放同样的缺点。如储位必须按各项货品最大在库量设计，因此，储区空间平均的使用效率低。

5. 分区分类储存的适用情况

主要适用于产品相关性大者，经常被同时订购的商品；周转率差别大的商品；产品尺寸相差大的商品。

二、货位管理

仓库货位是仓库内具体存放物品的位置。为了使仓库管理有序、操作规范，存货位置能准确标示，就需要根据仓库的结构、功能，按照一定的要求将仓库存货位置进行分块分位，形成货位。良好的货位管理，可以使物流系统中拣货、出库、配送规范流畅，也能使仓管人员随时掌握货品的去向、数量及其位置。

1. 货位管理的目标

（1）人员、设备及仓库空间的最有效利用。

（2）所有种类物品皆能随时准备存取。

（3）物品在储区内能够流畅地搬运，人力与机械设备作业达到经济和安全的程度。

（4）通道清洁，地板干净，运行安全有序，物品得到良好保护。

（5）储存物品特性的全盘考量。即对储存物品的体积、重量、包装单位等种类规格及腐蚀性、温湿度条件、气味影响等理化性质进行全盘考虑，以达到按特性储放物品。

2. 储存策略

储存策略即指储位的指派原则。良好的储存策略可以减少出入库移动的距离、缩短作业时间，甚至能够充分利用储存空间。

（1）固定型。先将货架进行分类、编号，并粘贴货架代码，并事先确定各货架内将要存放的物品的货位和存货方式。在固定型管理方式下，各货架内存放的物品长期是一致的。

①固定型的优点。每项货品都有固定储放位置，拣货人员容易熟悉货品储位；货品的储位可按周转率大小（畅销程度）安排，以缩短出入库搬运距离；可按各种货品的特性作储位调整，将不同货品特性间的相互影响减至最小。

②固定型的缺点。储位必须按各项货品的最大在库量设计，因此，储区空间平时的使用效率较低。

③适用的情况。固定型储放主要适用于非季节性物品；重点客户的物品；厂房空间大的仓库；多种少量商品的储放；品种较多且性质差异较大的仓库。

（2）随机型。每一个货品被指派储存的位置都是随机产生的，而且可经常改变。此随机原则一般是由储存人员按习惯来储放，且通常按货品入库的时间顺序储放于靠近出入口的储位。

①随机储放方式的优点。由于储位可公用，因此，只需按所有库存货品最大在库量设计即可，储区空间的使用效率较高。

②随机储放方式的缺点。货品的出入库管理及盘点工作难度较大；周转率高的货

品可能被储放在离出入口较远的位置，增加了出入库的搬运距离；具有相互影响特性的货品可能相邻储放，造成货品的损伤或发生危险。

③随机储放方式的适用情况。主要适用于季节性物品；物流量变化大的物品；厂房空间有限，尽量利用储存空间；种类少的货品。

（3）分类随机型。每一类货品有固定存放位置，但在各类储区内，每个储位的指派是随机的。

①分类随机储放的优点。有分类储放的部分优点，又可节省储位数量，提高储区利用率。

②分类随机储放的缺点。货品出入库管理及盘点工作的进行难度较大。

（4）共同储放型。在确切知道各货品的进出仓库时刻的条件下，不同的货品可共用相同储位的方式称为共用储放。其特点是能够充分利用仓容。

3. 货位指派方式

（1）人工指派方式。凭借仓储管理者的工作经验、能力、认知水平指派物品储位。虽然人工指派有报表可依据行事，但此报表仍是由人来登录或读取，因此笔误或看错而扰乱储位的管理秩序也有可能发生。

①人工指派方式的优点：计算机及相关事务机器投入少，费用不必投入太多；以人脑来分配储位，弹性大。

②人工指派方式的缺点：易受作业人员能力、情绪的影响从而影响效率；出错率高；效率一般较计算机低；需要投入大量人力；过分依赖管理者的经验；执行效率差。

（2）计算机辅助指派方式及计算机全自动指派方式。在储位管理中以计算机来指派储位，利用自动读取或识别设备来读取信息，通过无线电或网络，再配合储位监控或储位管理软件来控制储位的指派，这两种方式由于其信息输入输出均以条形码扫描仪读取，故错误率低，且其一切控制均为实时控制方式。这两种方式不会受人为的主观影响，因此在执行上其效率优于人工指派方式，其缺点是设备费用高、维护困难。

三、货位编号

各储区货位规划好后，为了方便记忆与记录，用货位编号、品名、序号、卷标记号等对其进行标志就非常重要，如果没有这些可标志区分的符号代码，记忆系统便无法运作。

（一）货位编号的方法

（1）区段式。把保管区域分割为几个区段再对每个区段进行编号。此种编号方式是以区段为单位，每个号码所标注代表的货位区域将会很大，因此适用于容易单位化的物品,以及大量或保管周期短的物品。

(2)品种类别式。把一些相关性物品经过集合以后,区分成好几个品种类别,再对每个品种类别进行编号。此种编号方式适用于比较容易分类别保管及品牌差距大的物品,例如服饰、五金等方面的物品。

(3)地址式。利用保管区域中的现成参考单位,例如建筑物第几栋、区段、排、行、层、格等。这些种编号方式由于其所标注代表的区域通常以一个货位为限,且其有相对顺序性可依循,所以使用起来简单明了又方便。

(4)坐标式。利用空间概念来编排货位的方式,这种编排方式在管理上比较复杂,对于流通率很小、需要长时间存放的物品比较适用。

如何选择编码方式应根据保存货品的储存量、周转率、保管空间布置及所使用的保管设备而作综合考虑后进行选择。

(二)物品分类及编号的原则和方法

1. 物品分类的原则和方法

(1)物品分类的原则。物品的分类应遵循科学性原则、系统性原则、实用性原则、可扩性原则、兼容性原则及唯一性原则。

(2)物品分类的方法。

①按物品的用途分类。

②按物品的原材料分类。

③按物品的加工方法分类。

④按物品的主要成分或特殊成分分类。

⑤按其他特征分类。

2. 物品编号的原则和方法

物品编号,又称物品货号或物品代码,它赋予物品一定规律的代表性符号。符号可以由字母、数字或特殊标记等构成。

(1)商品编号的原则。物品编号应遵循唯一性、简明性、标准性、可扩性、稳定性等原则,还应符合易记忆、适于计算机处理等。

(2)物品编号的种类。有数字代码、字母代码、字母-数字代码和条形码。其中最常用的是数字代码和条形码。

(3)物品编号的方法。

①层次编号法。

②平行编号法。

③混合编号法。

四、物品堆码

堆码是指根据物品的包装、外形、重量、数量、性质、特点等特性，结合地坪负荷、储存时间，将物品分别堆成各种垛形。堆码的主要目的是便于对物品进行维护，减少差错，提高仓容利用率。

（一）堆码的原则

1. 分类存放

分类存放是仓储规划的基本要求，也是堆码需要遵循的基本原则。具体内容包括：不同类别的物品分类存放；不同规格、不同批次的物品也要分位、分堆存放；残损物品要与原货分开；对于需要分拣的物品，在分拣之后，应分位存放，以免混串。

2. 选择适当的搬运活性

为了减少作业时间、次数，提高仓库物流速度，应该根据物品作业的要求，合理选择物品的搬运活性。对搬运活性高的入库存放物品，应注意摆放整齐，以免堵塞通道，浪费仓容。

3. 面向通道，不围不堵

货垛以及存放物品的正面，尽可能面向通道，以便查看。所有物品的货垛、货位都应有一面与通道相连，处在通道旁，以便能对物品进行直接作业。

4. 重不压轻原则

当物品重叠堆码时，应将重的物品放在下面，轻的物品放在上面。

5. 根据出入库频率选定位置

出库和入库频率高的物品应堆放在靠近出入口，易于作业的地方；流动性差的物品应放在距离出入口稍远的地方。

（二）物品堆码操作要求

堆码方式因商品包装、性能、形状的不同而不尽相同。堆码的主要目的是便于对物品进行维护、查点等管理作业和提高仓容利用率。

1. 堆码物品应具备的条件

（1）物品的名称、规格、数量、质量已全部查清，并验收完毕。

（2）物品已根据物流的需要进行编码。

（3）物品外包装完好、清洁、标志清楚。

（4）部分受潮、锈蚀以及发生质量变化的不合格物品，已加工恢复或已剔除。

2. 物品堆码操作的基本要求

（1）牢固。码垛必须不偏不斜，牢固坚实，与屋顶、梁柱、墙壁保持一定的距离，确保堆垛的安全和牢固。

（2）合理。不同商品其性能、规格尺寸不相同，应采用各种不同的垛形。不同品种、产地等级、批次、单价的商品应分开堆码，以便收发、保管。货垛的间距、走道的宽度、货垛与墙面、梁柱的距离等，都要合理、适度。

（3）整齐。货垛应按一定的规格、尺寸叠放，排列整齐规范。商品包装标志应一律向外，便于查找。

（4）定量。商品储存量不应超过仓储定额，应储存在仓库的有效面积、地坪承压能力和可用高度允许的范围内。

（5）节约。堆垛时应注意节省空间位置，适当、合理地安排货位，以提高仓容利用率。

（6）方便。堆垛时必须考虑检查、拆垛、分拣、发货等作业的便利和保证装卸作业安全，并有利于提高堆码作业的机械化水平。

3. 对堆码场地的要求

（1）库房内堆码场地。用于承受物品堆码的库房地坪要求平坦、坚固、耐磨擦。

（2）货棚内堆码场地。货棚是一种半封闭的建筑，为防止雨雪渗漏、积聚，货棚堆码场地四周必须有良好的排水系统，如排水沟、排水管道等。货棚内堆码的地坪应高于棚外地面，并做到平整、坚实。

（3）露天堆码场地。露天货场的地坪材料可根据堆存物品对地面的承载要求，采用夯实泥地、砂石地、块石地或钢筋水泥地等。总之应坚实、平坦、干燥、无积水、无杂草，四周也应有良好的排水设施。

（三）堆码前的准备工作

（1）计算货垛的占地面积、垛高，计划垛形。

①货垛的层数。确定货垛的层数时必须要考虑上层商品的重量不超过最低层商品或其容器可负担的压力，整个货垛的重量不能超过地坪容许载荷量。

当货垛重量没有超过地坪容许载荷量时，货垛层数的计算公式为：

$$堆高 = 可堆垛层数 \times 每件货物的高度$$

$$可堆垛层数 = 单位面积最大负荷量 / （每件货物重量 / 每件货物的占地面积）$$

②货垛底层排列。货垛底层排列要先测算可堆高层数，再进行底层排列。货垛底层排列有两个内容，一是货垛底层数的安排，二是货垛底形的安排。

③货垛占地面积。

a. 对于箱装、规格整齐划一、计件的商品可用下面公式计算：

$$占地面积 = （总件数 / 总层数） \times 每件商品的底面积$$

b. 对计重商品的计算公式为：

$$占地面积 = （总重量 \times 每件商品的底面积） / （总层数 \times 每件商品毛重）$$

(2)做好机械、人力、材料准备。垛底应该打扫干净,放上必备的衬垫,如需要密封保管的,还需要准备密封货垛材料等。

(四)货垛"五距"要求

货垛的"五距"是指:垛距、墙距、柱距、顶距和灯距。叠堆货垛不能倚墙、靠柱、碰顶、贴灯;不能紧挨旁边的货垛,必须留有一定的间距。

(1)垛距。垛距是货垛与货垛之间的必要距离。适当的垛距能方便存取作业,起通风、散热的作用,方便消防工作。

(2)墙距。为了防止库房墙壁和货场围墙上的潮气对商品的影响,也为了散热通风、消防工作、建筑安全、收发作业,货垛必须留有墙距。墙距分为库房墙距和货场墙距,其中,库房墙距分为内墙距和外墙距。

(3)柱距。为了防止库房柱子的潮气影响货物,也为了保护仓库建筑物的安全,必须留有柱距。

(4)顶距。顶距是货垛堆放的最大高度与库房、货棚屋顶间的距离。顶距能便于装卸搬运作业,能通风散热,有利于消防工作,有利于收发、查点。

(5)灯距。灯距是货垛与照明灯之间的必要距离。适当的灯距可以确保储存物品的安全,防止照明发出的热量引起靠近的物品燃烧而发生火灾。

(五)堆码设计

物品堆码设计的内容包括垛基、垛形、货垛参数、堆码方式、货垛苫盖、货垛加固等。

1. 垛基

垛基是货垛的基础,其主要作用是承受整个货垛的重量,将物品的垂直压力传递给地基,将物品与地面隔开,起防水、防潮和通风的作用,垛基空间为搬运作业提供方便条件。因此,对垛基的基本要求是:将整垛货物的重量均匀地传递给地坪;保证良好的防潮和通风;保证垛基上存放的物品不发生变形。

2. 垛形

垛形是指货垛的外部轮廓形状。垛形的确定要依据物品的特性、保管的需要,并遵循实现作业方便、迅速和充分利用仓容的原则。按坪底的平面形状可以分为矩形、正方形、三角形、圆形、环形等。按货垛立面的形状可以分为矩形、正方形、三角形、梯形、半圆形,另外还可组成矩形-三角形、矩形-梯形、矩形-半圆形等复合形状。

(1)平台垛。平台垛适用于包装规格单一的大批量物品,包装规则、能够垂直叠放的方形箱装物品、大袋物品、规则的软袋成组物品、托盘成组物品。底层件数与上层件数相同,呈长方形或正方形,整齐,计数方便,占用场库面积较小。标准平台垛的总件数的计算公式为：

$$A = L \times B \times H$$

式中，A 为标准平台垛的总件数，L 代表长度方向的件数，B 代表宽度方向的件数，H 表示高度方向的件数。

（2）起脊垛。底部堆成平台，接近顶部堆码成屋脊形，特点是加盖油布后便于排泄雨水。这种形式多用于露天堆场存放袋装货物。起脊垛物品件数的计算公式为：

$$A = L \times B \times H + 起脊件数$$

式中，A 为标准平台垛的总件数，L 代表长度方向件数，B 代表宽度方向的件数，H 表示未起脊高度的件数。

（3）行列垛。有单行垛、双行垛等。批量较小的件杂货常采用这种堆码形式。其优点是便于分票、计数和提货，缺点是占用场库面积较大。行列垛多在存放物品批量较小的库场码垛使用，如零担物品。

（4）立体梯形垛。在最底层以同一方向排放物品的基础上，向上逐层同方向减数压缝堆码，垛顶呈平面，整个货垛呈下大上小的立体梯形形状。立体梯形垛极为稳固，可以堆放得较高，仓容利用率较高。对于在露天堆放的物品可以采用立体梯形垛，为了排水需要也可以在顶部起脊。其堆放物品件数的计算公式为：

$$A = (2L - H + 1) \times H \times B/2$$

式中，A 为标准平台垛的总件数。L 代表长度方向件数，B 代表宽度方向的件数，H 表示高度方向件数。

（5）井形垛。它是在以一个方向铺放一层物品后，再以垂直的方向铺放第二层物品，物品横竖隔层交错逐层堆放。用于长形的钢材、钢管及木方的堆码。其堆放物品件数的计算公式为：

$$A = (L + B) \times H/2$$

式中，A 为标准平台垛的总件数，L 代表长度方向件数，B 代表宽度方向的件数，H 表示高度方向件数。

（6）梅花形垛。对需要立直存放的大桶装物品，将第一排（列）物品排成单排（列），第二排（列）的每件靠在第一排（列）的两件之间卡位，第三排（列）同第一排（列）一样，此后每排（列）依次卡缝排放，形成梅花形垛。其特点是物品摆放紧凑，充分利用了物品之间的空隙，既节约面积而又能有效利用空间。

散装货物的堆码可根据货种、场地条件、通道位置等情况堆放成有规则的几何台形体。货堆的倾斜角度要小于货物的自然倾角，以保持货堆平稳与不倒塌。在堆存小批量的松散货物时，为了合理利用垂直空间，可把较轻货物堆放在重货上面，把松散货物放在托盘上或使用储存货架系统等。

3. 货垛参数

货垛参数是指货垛的长、宽、高，即货垛的外形尺寸。

通常情况下要先确定货垛的长度，例如长形材料的尺寸长度就是其货垛的长度，包装成件物品的垛长应为包装长度或宽度的整数倍。货垛的宽度应根据库存物品的性质、要求的保管条件、搬运方式、数量多少以及收发制度等确定，一般多以2个或5个单位包装为货垛宽度。货垛高度主要根据库房高度、地坪承载能力、物品本身和包装物的耐压能力、装卸搬运设备的类型和技术性能，以及物品的理化性质等来确定。在条件允许的情况下应尽量提高货垛的高度，以提高仓库的空间利用率。

（六）物品堆码存放的基本方法

1. 散堆法

散堆法是将无包装的散货在库场上堆成货堆的存放方式。适于露天存放的无包装大宗物品，如煤炭、矿石等，也可适用于库内少量存放的容物、碎料等散装物品。这种方式简便，便于采用现代化的大型机械设备，节省包装费用，提高了仓容的利用率，降低了运费。由于散货具有流动性、散落性，堆货时不能堆到太靠近垛位四边，以免散落时使物品超出预定货位。

2. 垛堆方式

垛堆方式是对有包装（如箱、桶、袋、箩筐、捆、扎等包装）的物品或长、大件物品进行堆码的存放方式。垛堆储存能够充分利用仓容，做到仓库整齐，作业和保管方便。物品的堆码方式主要取决于物品本身的性质、形状、体积、包装等。

（1）重叠式。也称直堆法，是逐件、逐层向上重叠堆码，一件压一件的堆码方式。这种堆码形式适用于袋装、箱装、箩筐装物品，以及平板、片式物品等相对占地面积较大。为保证货垛稳定性，在一定层数后改变方向继续向上堆放，或者长宽各减少一件继续向上堆放。该方法方便作业，但如不采取措施，记数较困难，因此码垛时，根据每层采取逢十或逢五成行交错，便于记数。此垛形适用于袋装、箱装、箩筐装货品，以及平板、片式物品等。

（2）纵横交错式。这是将长短一致、宽度与长度相等的商品，一层横放，一层竖放，纵横交错堆码，形成方形垛。长短一致的管材、捆装、长箱装物品均可用这种垛形。该方法较为稳定，但操作不便，适用于管材、捆装、长箱装货品。

（3）仰伏相间式。对上下两面有大小差别或凹凸的物品，如槽钢、钢轨等，将物品仰放一层，在反一面伏放一层，仰伏相向相扣，也可以伏放几次，再仰放几层，或仰伏相间组成小组再堆码成垛。但如果角钢和槽钢是在露天仰伏相间码垛，应该一头稍高，一头稍低，以利于排水。该垛极为稳定，但操作不便。

仰伏相间式根据其排列形式又可分为连锁式、独立式和组合式。

（4）压缝式方垛和圆形垛码。将底层并排摆放成方形、长方形、圆形或环形，然后层层起脊压缝上码。多用于断面是圆形的货物，如桶装货品和盘圆等。

（5）宝塔式。宝塔式堆垛和压缝式堆垛类似，但压缝式堆垛是在2件物品之间压缝上码，宝塔式堆垛是在4件物品中间上码，并逐层减少。

（6）通风式。物品在堆码时，任意两件相邻的物品之间都留有空隙，以便通风。层与层之间采用压缝式或者纵横交错式。对大宗的木板材则通常采用重叠、衬垫相结合的通风堆码方式。通风式堆码可以用于所有箱装、桶装以及裸装物品堆码，起到通风防潮、散湿散热的作用。

（7）栽柱式。在货垛的两旁栽上木桩或钢棒，然后将材料平铺在之间，每层或间隔几层在两侧相对应的柱子上用铁丝拉紧，以防倒塌。此法适用于棒材、管材等长条状物品，操作较为方便。

（8）衬垫式。码垛时，隔层或隔几层铺放衬垫物，利用衬垫物使货垛的横断面平整，商品相互牵制，以加强货垛的稳固性。适用于不规则且较重的物品，如无包装电机、水泵等。

（9）串联式。为了方便上码和堆垛整齐，有效利用库容空间，对于中空、结构上有管道或孔的物品，可以采取按一定数量组，用绳或铁线通过孔道将其串联起来，然后再逐层上码。如轮胎的临时存放就可以采用这种方式。

（10）直立式。直立式是物品保持垂直方向码放的方法。适用于不能侧压的物品，如玻璃、油毡、油桶、塑料桶等。

（11）"五五化"堆垛。"五五化"堆垛就是以五为基本计算单位，堆码成各种总数为五的倍数的货垛，以五或五的倍数在固定区域内堆放，使货物"五五成行、五五成方、五五成包、五五成堆、五五成层"，堆放整齐，上下垂直，过目知数，不易出错，便于货物的数量控制、清点盘存，适用于按件计量物品。

3. 货架方式

货架方式指采用通用或者专用的货架进行货位堆码的方式。适合于存放小件物品或不宜堆高的物品。通过货架能够提高仓库的利用率，减少物品存取时的差错。

4. 托盘堆垛

商品直接存放在托盘上。商品从装卸、搬运入库，直到出库运输，始终不离开托盘，这样可以大大提高机械作业的效率，减少搬倒次数。适用于散装或零星物品以及怕压或形状不规则的商品。

任务三　物品出库业务

物品出库是物品存储阶段的终止。为了保证出库物品按质、按量、及时、安全地发给用户，满足其生产经营的需要，仓库应主动向货主联系，由货主提供出库计划，以便仓库及时制定和实施流量和流向的运输计划，完成出库业务。

一、出库作业概述

（一）出库作业管理的含义

出库作业管理是指仓库按照货主的调拨出库凭证或发货凭证（提货单、调拨单）所注明的货物名称、型号、规格、数量、收货单位、接货方式等要求，进行的核对凭证、备料、复核、点交、发放等一系列作业和业务管理活动。

（二）物品出库的基本要求

1. 贯彻"先进先出"的原则

出库作业应该根据物品入库时间先后实现先进先出，以保持库存物品质量完好。同时，要做到保管条件差的先出，包装简易的先出，易变质、易腐蚀的先出，有保管期限的先出，回收复用的先出。

2. 出库凭证和手续必须符合要求

虽然出库凭证的格式不尽相同，但必须真实、有效。不得以非正式凭证或白条出库。

3. 要严格遵守仓库有关出库的各项规章制度

（1）发出的物品必须与提货单、领料单或调拨单上所列的名称、规格、型号、单价、数量相符合。

（2）未验收的物品以及有问题的物品不得发放出库。

（3）物品入库检验与出库检验的方法应保持一致，以避免造成人为的库存盈亏。

（4）超过提货单有效期尚未办理提货手续的，不得发货。

4. 保证安全

物品出库作业，要注意操作安全，防止损害包装和震坏、压坏、摔坏物品；要注意物品的安全保管期限，对已变质、已过期失效的物品不允许分发出库。

5. 及时记账

物品发出后，应随即在物品保管账上核销，并保管好发货凭证。

（三）物品出库的依据

通常情况下，物品出库必须依据货主的出库通知单或出库请求进行。要坚决杜绝凭信誉或无正式手续的发货，在任何情况下，仓库都不得擅自动用、变相动用或者外借货主的库存。

（四）物品出库的方式

（1）送货。仓库根据货主单位的出库通知或出库请求，使用自有车辆或交由运输部门将应发物品运送到收货地点的发货形式，通常称送货制。

（2）自提。由收货人或其代理人持取货凭证直接到库取货，仓库凭单发货。仓库发货人与提货人可以在仓库现场划清交接责任，当面交接并办理签收手续。

（3）代办托运。受客户的委托，仓库为客户办理商品托运。依据货主开具的出库凭证所列物品信息，办理出库手续，通过运输部门把物品发运到用户指定地方的一种出库方式。适用于大宗、长距离的物品运输。

（4）过户。过户是一种就地划拨的形式，物品实物并未出库，但是所有权已从原货主转移到新货主的账户中。仓库必须根据原货主开出的正式过户凭证，才能办理过户手续。

（5）取样。货主由于商检或样品陈列等需要，到仓库提取货样（通常要开箱拆包、分割抽取样本）。仓库必须根据正式取样凭证发出样品，并做好账务记载。

（6）转仓。转仓是指货主为了业务方便或改变储存条件，将某批库存自一个仓库转移到另一个仓库。仓库也必须根据货主单位开出的正式转仓单，办理转仓手续。

二、出库作业流程

为保证物品能快速、准确、保质保量地出库，必须遵守出库作业的一般流程。

1. 出库准备

由于出库作业比较繁杂，工作量大，因此事先应对出库作业进行合理组织，统筹安排。一是人员的组织；二是待运货物的仓容及装卸设备、工具的安排配调；三是包装材料、工具、用品的准备。

2. 审核出库凭证

仓库接到出库凭证（仓单）后，必须对出库凭证进行审核。

（1）审核货主开出的提货单的合法性和真实性，领料单上是否有其部门主管或指定的专人签章。

（2）核对品名、型号、规格、单价、数量、收货单位、有效期等。

（3）核对收货单位、到站、开户行和账号是否齐全和准确，如果是客户提货，则要核对提货单有无财务部门准许发货的签章。

审核无误后，在料账上填写预拨数，将出库凭证交给仓库保管员。

3. 备货

保管员对商品会计转来的货物出库凭证复核无误后，按其所列项目内容和凭证上的批注进行配货。备货主要包括拣货和签单两个过程。

拣货作业是按照客户订单的要求或出库单的要求将商品挑选出来，并放在指定位置的物流作业活动。拣货作业要按照订单的要求，用最短的时间和最少的作业将商品准备好。拣货方式有按订单拣货、批量拣货等方式。拣货作业主要包含确定拣货方式、制定拣货清单、安排拣货路线、分派拣货人员进行拣货等4个步骤。

出库商品应附有质量证明书、装箱单、重量单、保险单等附件，机电设备、仪器仪表等产品的说明书及合格证应随货同行。进口商品还要附海关证明、商品检验证书、原产地证、外汇核销单等。备货时应本着"先进先出、推陈出新"的原则，易霉易坏的先出，接近失效期的先出。

签单是指应付货物按单付讫后，保管员逐笔在出库凭证上签名和批注结存数，前者以明确责任，后者供会计登账时进行账目实数的核对。

4. 复核

为了保证出库物品不出差错，备货后应进行复核。出库的复核形式主要有专职复核、交叉复核和环环复核三种。复核时应遵循"单货相符"的原则。即出库物品的品名、型号、规格、数量、质量、包装等信息应与出库凭证相一致。复核人复核无误后，应在提货单上签名，以明确责任。

5. 包装

包装是指物品流通过程中为保护物品、方便储运作业、促进销售，按一定技术方法而使用容器、材料及辅助物等进行加工的物流活动。对仓库出库物品的包装必须完整、牢固，标记必须正确清楚，如有破损、潮湿、捆扎松散等不能保障运输中安全的情况，应加固整理，破包破箱不能出库。

包装可以起到传递商品信息、促进销售的作用。包装上一般都会有相应的标志或标记，可以用来识别商品，通常包括了制造厂名、商品名称、容器类型、个数、通用的商品代码等数字，这些元素，传递了商品的相关信息。包装形状与构造能够吸引客户，包装的文字、图案、色彩可以刺激客户的购买欲。包装的外部形态起到宣传、介绍推销商品的作用，精致、美观的商品包装，可增强商品的美感，起到无声推销员的作用。

6. 刷唛

包装后要写明收货单位、到站、发货号、本批总件数、发货单位等。字迹要清晰，书写要准确，并在相应位置印刷或粘贴条码标签。利用旧包装时，应彻底清除原有标志，以免造成混乱，导致差错。

7. 全面复核查对

货物备好后，工作人员应按照出库凭证上所列的内容进行逐项复核。包装上是否有装箱单，装箱单所列各项目是否和实物凭证等相符；收货人、到站、箱号、危险品或防震防潮等标志是否正确、明显；是否便于装卸搬运作业；能否承受装载物的重量，能否保证物资运输装卸时不损坏，保障物资完整。对于怕震怕潮等物资，还要检查衬垫是否稳妥，密封是否严密。

8. 出库交接

备货出库物品，经过全面复核无误后，即可办理出库及清点交接手续。清点交接是划清仓库和提货方两者责任的必要手段。对于选用哪种方式出库，要根据具体条件，由供需双方事先商定。比如，用户采取自提方式时，即将物品和证件向提货人当面点清，办理交接手续。若是代运方式，则应办理内部交接手续，即由物品保管人员向运输人员清点交接，由接收人签章，以划清责任。

9. 登账

清点交接后，保管员应在出库单上填写实发数、发货日期等内容，并签名。财会人员必须做好出库单、出门证的全面控制和回笼销号，防止单证遗失。按照日账日清的原则，在登账时，逐单核对保管员批注的结存数。然后将出库单连同有关证件资料，及时交给货主，以便货主办理货款结算。

10. 现场和档案的清理

物品发运出去后，该物品的仓库保管业务即告结束，保管员应做好清理工作，及时注销账目、料卡，调整货位上的吊牌，以保持物品的账、卡、物一致。清理现场，收集苫垫材料，妥善保管，以待再用。将已空出的货位标注在货位图上，以备后续物品使用。

三、出库中有关问题的处理

1. 出库凭证（提货单）上的问题

（1）出库凭证超过提货期限。若用户的提货单超过期限，必须先办理手续，按规定缴足逾期仓储保管费，方可发货。任何非正式凭证都不能作为发货凭证。

（2）出库凭证有疑点以及假冒、复制、涂改等情况。应及时与仓库保卫部门以及出具出库单的单位或部门联系，妥善处理。若规格开错或印鉴不符，保管员不得调换规格发货，必须通过制票员重新开票方可发货。若出库凭证指定厂家的，保管员必须照发，未注明的，可按发货原则处理。

（3）商品进库未验收或者期货未进库。一般暂缓发货并通知货主，待货到并验收后再发货，提货期顺延。保管员不能以发代验。

（4）出库凭证遗失。客户单位必须出具证明，持证明到制票员处挂失，制票员签字作为旁证，然后到仓库找保管员报案挂失。若挂失时货已被提走，保管人员不承担责任，但要协助货主单位找回商品；若货还没有提走，经保管人员和账务人员查实后，做好挂失登记，将原凭证作废，缓期发货。

2. 提货数与实存数不符

若出现提货数量与商品实存数不符的情况，一般是实存数小于提货数。无论是何种原因造成的，都需要和仓库主管部门以及货主单位及时取得联系后再作处理。

3. 串发货和错发货

串发货和错发货，主要是指发货人员由于对物品种类、规格不太熟悉，或者由于工作中的疏漏把错误规格、数量的物品发出库的情况。

如果物品尚未离库，应立即组织人力，重新发货。如果物品已经离开仓库，保管人员应及时向主管部门和货主通报串发和错发货的品名、规格、数量、提货单位等情况，会同货主单位和运输单位共同协商解决。

4. 商品的质量问题

若属商品内在质量问题，客户要求退货或换货，应出具质检部门的检查证明，经商品主管部门同意，可以退货或换货。若因物品外包装破损引起的渗漏等问题，发货时应重新整理或更换包装。

5. 漏记账和错记账

漏记账是指在出库作业中，由于没有及时核销明细账而造成账面数量大于或少于实存数的现象。错记账是指在商品出库后核销明细账时没有按实际发货出库的商品名称、数量等登记，从而造成账实不相符的情况。

无论出现何种情况，都要及时向有关领导汇报实际情况，同时还应根据原出库凭证查明原因调整保管账，保持账实一致。若因漏记和错记账给货主单位、运输单位和仓储部门造成了损失的，应予赔偿，同时应追究相关人员的责任。

任务四　物品盘点业务

一、盘点作业的概念

货品频繁进出库容易导致库存信息与实际数量不一致的现象，有些产品因存放过久也会致使产品质量受影响，难以满足客户的需求。为了有效地控制货品数量，而对仓库储存物品进行实际数量核对与整理的过程，就是盘点作业。通过盘点，可以确保企业资产的实有数和账面数一致，减少资产损失，保证财务数据的准确性，促进企业管理的规范化、科学化，降低企业经营成本，提高企业效益。

二、盘点作业的目的

1. 为了明确库存量的实有数和账面数，并修改料账不符产生的误差

通常货品在一段时间不断入库与出库后，容易产生误差，比如，因多记、误记、漏记等导致的库存资料记录不准确；因损坏、遗失、验收与出货清点有误等导致的库存数量误差等。

通过对货品、财务账簿清点、核对，就可以确保会计账簿与实物账簿、单证一致，提高仓储数据的可靠性和准确性，避免因物资短缺而导致的生产中断或无法满足客户需求。

2. 为了计算企业资产损益，有效控制成本和减少浪费

企业的损益与总库存金额有相当密切的关系，而库存金额又与库存量及其单价成正比。因此为了能准确地计算出企业实际的损益，就必须针对现有数量加以盘点。通过定期盘点，可以及时了解各种物资的实际库存，从而避免过多或过少的库存积压。过多的库存会增加企业的库存资金占用和仓储成本，而过少的库存则可能导致生产中断和满足客户需求的困难。通过准确盘点，企业可以及时采取措施，调整库存水平，避免因过多或过少的库存而导致的成本浪费。

3. 考核货品管理的绩效，使出入库的管理处于良好状态

物品的定期盘点可以帮助企业了解仓库物品的布局和组织、存货周转率、物料的保养维修等情况。发现并解决物品摆放不当、过期物品、质量问题等潜在问题，从而优化仓库物品管理，减少库存损耗和管理错误，提高仓储的整体效率，使其处于良好的运作状态。

三、盘点的种类与方法

（一）盘点的种类

与账面库存和现货库存一样，盘点也分为账面盘点及现货盘点。账面盘点就是把每天入库及出库货品的数量及单价，记录在电脑或账簿上，然后不断地累计加总算出账面上的库存量及库存金额。而现货盘点也称为实地盘点或实盘，就是实际去点数调查仓库内的库存数，再按货品单价计算出实际库存金额的方法。

因此，要得到最正确的库存情况并确保盘点无误，最直接的方法就是账面盘点与现货盘点的结果要完全一致。若产生料账不符的现象，必须查清错误原因并分清责任归属，及时整改。

（二）盘点的方法

1. 按时期区分的盘点法

（1）定期盘点制。选择某一日期全面盘点所有物品的一种方法，通常会在一个会计期间的期末进行。因使用工具不同，可分为以下三种方法。

①盘点单盘点法。以物品盘点单统计盘点结果的方法。此种方法汇总记录在整理列表上非常方便，且在盘点过程中，容易发现漏盘、重盘、错盘的现象。

②盘点签盘点法。采用特别设计的盘点标签于盘点后挂在物料上，经复核无误后取下汇总统计的盘点方法。此法对于物品的盘点与复盘的核对既方便又正确，对于紧急用料仍可照发，临时进料也可以照收，核账与列表都很方便。

③料架签盘点法。以原有的料架签作为盘点工具，盘点完毕后即将盘点数量填入料架签内，此种盘点法既方便又可免去设计盘点签。

（2）不定期盘点制。此种盘点制并未决定实施盘点的日期，而是在必要时随时进行盘点。

（3）经常盘点制。此制并未设盘点的时期，而是穿插在日常业务之中每日进行盘点。

2. 按形式区分的盘点法

（1）开库盘点法。是指物品出入库时照常进行的盘点。进行开库盘点时，为了避免影响正常作业，通常选在淡季。因不关闭工厂与仓库，故可以减少停工的浪费和领料的不便。

（2）闭库盘点法。进行闭库盘点时，须先通知所属的用料单位，并限期将已开出的拨料单提领完毕，有必要时则停工以配合闭库盘点。

3. 按实务应用区分的盘点法

（1）随机盘点法。是指物品管理部门视状况的需要随时指定某一项或数项物品，由物品保管部门报告现有的存量，加总并计算出差异以作为调账的依据。

（2）永续盘点法。又称连续盘点制，是指物品管理部门依 ABC 分类或用量的分析，排定日程并将所有的物品分批进行盘点一次或数次。

（3）年度盘点法。是指公司停止生产或营业，将物品置于指定位置进行清点并做出结算报告表。

四、盘点作业流程

1. 盘点准备

盘点作业的事先准备工作是否充分，关系盘点作业能否顺利进行。为了利用有限的人力在短时间内迅速准确地完成盘点，必须事先做好相应的准备工作，主要包括：明确盘点的程序方法，配合财务进行盘点，盘点、复盘、监盘人员必须经过训练，盘点用的表格必须事先印制。

2. 确定盘点时间

一般来说，为保证货账相符，盘点次数越多越好，但因每次进行盘点要投入人力、物力、财力，成本很大，故很难经常进行盘点。一般而言，半年至一年实施一次盘点即可。但物流中心货品流动速度较快的情况下，既要防止过久盘点对公司造成的损失，又要考虑可用资源的限制，因此应根据物流中心各货品的性质制定不同的盘点时间。例如，在已建立商品 ABC 管理的公司，一般建议 A 类主要货品每天或每周盘点一次，B 类货品每 2~3 周盘点一次，C 类较不重要货品每月盘点一次即可。

3. 确定盘点方法

因盘点场合、需求的不同，盘点的方法也有所差异，应根据实际情况确定盘点方法，以保证盘点时不致混淆。

4. 盘点人员的培训

为使盘点工作顺利进行，盘点时必须增派人员协助进行，并对其进行短期培训，使每位参与盘点的人员都对盘点的基本要领、表格的填写等充分理解。另外，还要对复盘与监盘人员进行认识货品的训练，使其熟悉各种货品，从而顺利开展盘点工作。

5. 储存场所的清理

储存场所的清理内容主要包括：在盘点前，必须明确已验收入库的和未验收不需进行盘点的货品；储存场所在关闭前应通知各需求部门提前做好准备；预先鉴定呆料、废品、不良品，以便盘点时鉴定。

6. 准备好盘点所用表格及库存资料

盘点人员应熟悉盘点表格，若采用人员填写方式，则需准备盘点表和红、蓝色圆珠笔。盘点用的表格必须事先印制。

7. 盘点工作

盘点时，因工作单调琐碎，为确保盘点的正确性，除加强人员培训外，工作进行期间还应加强指导与监督。

8. 核查差异原因

当盘点结束后，若发现清点数据与账本不符，应追查差异的原因。其产生的主要原因可能是：记账员素质不高，导致货品数目登记错误；料账处理制度的不完善，导致货品数目无法登记；盘点制度不完善，导致货账不符；是否产生漏盘、重盘、错盘等情况。

9. 盘盈、盘亏的处理

查清差异原因后，应针对问题作适当的调整与处理，至于呆废品、不良品减少的部分应与盘亏一并处理。物品除了盘点时产生数量的盈亏外，有些货品在价格上会产生增减，这些变化在经主管审核后必须利用货品盘点盈亏调整表进行修改。

项目小结

物品入库业务是仓储业务的开始，直接关系到后面的在库、出库业务管理的顺畅与方便。物品入库一般经过入库前的准备、接货、卸货、分类、物品点验、签发入库凭证、入库堆码、登记入账等环节。供应商的送货方式、物品的种类和特性及数量、作业人员、仓库设备及存货方式等因素都会影响入库作业的组织与计划。

物品的在库作业是仓储业务流程的核心环节，通过物品在库的合理保存和科学管理，不仅能保持物品原有使用价值，还能增加物品的使用价值和价值，保证后续作业畅通。物品在库作业的具体内容包括物品分区分类存放、货位合理安排、物品正确堆码等。

物品出库是物品存储阶段的终止。出库作业管理是指仓库按照货主的调拨出库凭证或发货凭证所注明的货物名称、型号、规格、数量、收货单位、接货方式等要求，进行的核对凭证、备料、复核、点交、发放等一系列作业和业务管理活动。物品出库应贯彻"先进先出"的原则，出库凭证和手续必须符合要求，并且要严格遵守仓库有关出库的各项规章制度

盘点作业就是对仓库储存物品进行实际数量核对与整理的过程。通过盘点，可以确保企业资产的实有数和账面数一致，减少资产损失，保证财务数据的准确性，促进企业管理的规范化、科学化，降低企业经营成本，提高企业效益。盘点分为账面盘点和现货盘点两种方式，具体方法有开库盘点法、闭库盘点法、随机盘点法、盘点单盘点法、盘点签盘点法等。

习题与实训

1. 入库验收的主要方法有哪些？各适用于哪些商品？

2. 出库时,一般会出现哪些问题?通常应如何处理?

3. 如果你是一个仓管员,你如何进行仓库盘点作业?

4. 调查一个仓库,写一份关于某物品入库的流程报告。

5. 考察一个仓库,了解其货位及货品编号方法,找出问题,并说明解决方法。

6. 考察一个超市的某种商品堆码方法,分析其是否合理,并说明原因。

7. 到超市查看某商品的包装,分析其功能及合理性;如有不合理,请提出改进方案。

8. 调查一个仓库,分析其出库流程的优缺点,并对缺点提出合理化建议。

项目五　库存控制技术

学习目标

理解库存的含义、功能及分类，掌握库存控制的目标，能够准确识别库存成本，基本了解库存管理方式。

掌握 ABC 库存控制技术、定量订货法、定期订货法、JIT 库存控制技术、MRP 库存控制技术。

通过以上学习目标的实现，学习者将具备全面的库存控制知识和技能，能够根据乡村企业实际情况，选择合适的库存控制方法，提高企业的运营效率和竞争力。

引导案例　惠普喷墨打印机的库存问题

任务一　库存控制概述

一、库存的含义和分类

（一）库存的含义

库存是指处于储存状态的商品物资，是储存的表现形态。通俗地说，库存是指企业在生产经营过程中为现在和将来的耗用或者销售而储备的资源。广义的库存还包括处于制造加工状态和运输状态的物品。

库存是仓储的最基本的功能，除了进行商品储存保管外，它还具有整合需求和供给、维持物流系统中各项活动顺畅进行的功能。企业为了能及时满足客户的订货需求，就必须经常保持一定数量的商品库存。配送中心为了维持配送的顺利进行就必须预先储存一定数量的商品来满足订货需求。企业存货不足，会造成供货不及时、供应链断裂、丧失市场占有率或交易机会；整体社会存货不足，会造成物资贫乏、供不应求。而商品库存需要一定的维持费用，同时会存在由于商品积压和损坏而产生的库存风险。因此，在库存管理中既要保持合理的库存数量，防止缺货和库存不足，又要避免库存过量，发生不必要的库存费用。

（二）库存的功能

在现实经济生活中，商品的流通并不是始终处于运动状态的。作为储存的表现形态的库存是商品流通的暂时停滞，是商品运输的必需条件。库存在商品流通过程中有其内在的功能。

1. 调节供需矛盾、消除生产与消费之间时间差的功能

不同的产品（商品），其生产和消费情况是各不相同的。有些产品的生产时间相对集中，而消费则是均衡的；有些产品生产是均衡的，而消费则是不均衡的。比如粮食作物集中在秋季收获，但粮食的消费在一年之中是均衡消费的；清凉饮料和啤酒等产品一年四季都在生产，但其消费在夏季相对比较集中。这表明，生产与消费之间、供给与需求两方面，在一定程度上存在时间上的差别。为了维护正常的生产秩序和消费秩序，尽可能地消除供求之间、生产与消费之间这种时间上的不协调性，库存起到了调节作用。它能够很好地平衡供求关系、生产与消费关系，起到缓冲供需矛盾的作用。

2. 创造商品的"时间效用"功能

所谓"时间效用"就是同一种商品在不同的时间销售（消费），可以获得不同的经济效益（支出），为了避免商品价格上涨造成损失或为了从商品价格上涨中获利而建立的投机库存恰恰满足了库存的"时间效用"功能。但也应该看到，在增加投机库存的同时，也占用了大量的资金和库存维持费用。但只要从经济核算角度评价其合理性，库存的"时间效用"功能就能显示出来。

3. 降低物流成本的功能

对于生产企业而言，保持合理的原材料和产品库存，可以消除或避免因上游供应商原材料供应不及时而需要进行紧急订货而增加的物流成本，也可以消除或避免下游销售商由于销售波动进行临时订货而增加的物流成本。

事实上，近年来在国外出现了一种新的库存管理方法——VMI，即供应商管理库存，这种库存管理策略打破了传统的各自为政的库存管理模式，体现了供应链的集成化管理思想，适应了市场变化的要求，是库存功能的新发展。

二、库存分类

库存可以从库存物品的经济用途、存放地点、来源、生产过程、所处状态、经营过程等6个方面来分类。

1. 按经济用途分类

库存按其经济用途通常可以分为商品库存、制造业库存和其他库存三类。

（1）商品库存。商品库存是指企业购进后供转售的货物。其特点是在转售之前，保持其原有实物形态。

（2）制造业库存。制造业库存是指企业购进后直接用于生产制造的货物。其特点是在出售前需要经过生产加工过程，改变其原有的实物形态或使用功能。

（3）其他库存。其他库存是指除了以上库存外，供企业一般耗用的物品和为生产经营服务的辅助性物品。其主要特点是满足企业的各种消耗性需要，而不是为了将其直接转售或加工制成产品后再出售。如包装物和低值易耗品等。

2. 按存放地点分类

库存按其存放地点可分为库存存货、在途库存、委托加工库存和委托代销库存四类。

（1）在库库存。库存存货是指已经运到企业，并已验收入库的各种材料和商品，以及已验收入库的半成品和制成品。

（2）在途库存。在途库存包括运入在途库存和运出在途库存。运入在途库存是货款已经支付或虽未付货款但已取得所有权、正在运输途中的各种外购库存。运出在途库存是指按照合同规定已经发出或送出，但尚未转移所有权，也未确认销售收入的库存。

（3）委托加工库存。委托加工库存是指企业已经委托外单位加工，但尚未加工完成的各种库存。

（4）委托代销库存。委托代销库存是指企业已经委托外单位代销，但按合同规定尚未办理代销货款结算的库存。

3. 按库存来源分类

库存按其来源可分为外购库存和自制库存两类。外购库存是企业从外部购入的库存，如外购材料等。自制库存是由企业内部制造的库存，如自制材料、在制品和制成品等。

4. 按生产过程分类

库存按生产过程可分为原材料库存、零部件及半成品库存和成品库存。

5. 按物品所处状态分类

按物品所处状态，库存可分为静态库存和动态库存。静态库存指长期或暂时处于储存状态的库存，这是人们一般意义上认识的库存概念。实际上广义的库存还包括处于制造加工状态或运输状态的库存，即动态库存。

6. 按经营过程分类

（1）经常库存。经常库存也称周转库存，是指企业在正常的经营环境下为满足日常的需要而建立的库存。这种库存随着每日的需要不断减少，当库存降低到某一水平时（如订货点），就要进行订货来补充库存。这种库存补充是按一定的规则反复地进行。

（2）安全库存。安全库存是指为了防止由于不确定因素（如大量突发性订货、交货期突然延期等）而准备的缓冲库存。

（3）季节性库存。季节性库存是指为了满足特定季节中出现的特定需要（如夏天对空调机的需要）而建立的库存，或指季节性出产的原材料在出产的季节被大量收购所建立的库存。

（4）促销库存。促销库存是指为了应对企业促销活动产生的预期销售增加而建立的库存。

（5）时间效用库存（投机库存）。时间效用库存是指为了避免商品价格上涨造成损失，或为了从商品价格上涨中获利而建立的库存。

（6）沉淀库存或积压库存。沉淀库存或积压库存是指因商品品质变坏或损坏，或者是因没有市场而滞销的商品库存，还包括超额储存的库存。

三、库存管理及其目标

1. 库存管理的定义

库存控制是在保障供应的前提下，使库存物品的数量合理所进行的有效管理的技术经济措施。

库存管理也称库存控制，是指对制造业或服务业生产、经营全过程的各种物品、制成品以及其他资源进行管理和控制，使其储备保持在经济合理的水平上。它的重点在于确定如何订货、订购多少、何时订货等问题。传统的观念认为仓库里的商品多，表明企业兴隆，现在则认为零库存是最好的库存管理。库存多，占用资金多，利息负担加重。但是如果过分降低库存，则会加大短缺成本，造成货源短缺。

当库存管理不当时会导致库存的不足或过剩，前者将会错过销货机会，降低销售额，甚至失去客户，商誉下降；后者会加大库存的持有成本。

2. 库存管理的目标

为了保证企业正常的经营活动，库存是必要的，但库存同时又占用了大量的资金。怎样既能保证经营活动的正常进行，又能使流动资金的占用达到最小，即在期望的顾客服务水平和相关的库存成本之间寻找平衡，是库存管理人员最关注的问题。若对库存不进行控制，可能既满足不了经营的需要，同时还造成大量商品的积压，占用大量的库存资金。

库存管理涉及各个方面的管理，库存管理的目标就是防止超储和缺货，在企业现有资源的约束下，以最合理的成本为用户提供满意的服务。

对任何一种商品的仓储来说，这两者之间往往是矛盾的，存在着效益背反现象。为了提高服务水平，需要保持相当多的库存以满足需求的不确定性，这反过来又需要增加库存成本。最佳的库存管理就是平衡库存成本与库存收益的关系，从而确定一个合适的库存水平，使库存占用的资金带来的收益比投入其他领域的收益要高。

从成本核算的角度看，库存成本又是一个财务上的目标，它将随着经济和企业财务状况的变化而变化。例如，如果企业的流动资金紧缺，那么企业就可能需要对库存成本进行严格的控制。

尽管企业库存会带来一系列的耗费，但是也不能因此无条件地降低库存，在平衡库存成本与顾客服务水平时，应该注意的是顾客所期望的服务水平。

四、与库存管理有关的成本

对库存决策起重要作用的成本有三类：采购成本、库存持有成本和缺货成本。随着订货量的增加，库存持有成本会增加，采购成本会减少。因此，需要找到它们之间的平衡来确定最优的库存水平，如图 5-1 所示。

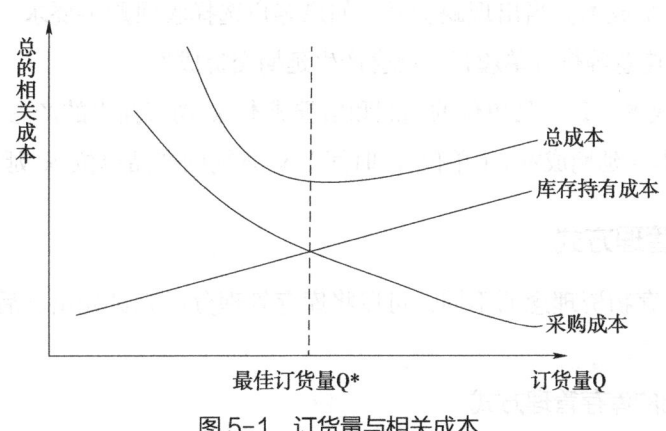

图 5-1 订货量与相关成本

1. 采购成本和生产成本

采购成本由两部分组成：固定的订货成本和采购变动成本。订货成本是指与订单处理相关的费用，如订单准备、订单传送及修改订单等费用，这部分费用与订货的多少无关。采购变动成本通常是指采购价格，这部分跟订货量的多少有关。一般订货量超过某一数额，就会获得一定的数量折扣。

$$采购成本 = 订货成本 + 单位产品价格 \times 订货数量$$

如果企业自行生产产品，则采购成本变为生产成本。生产成本同样由两部分组成：固定成本和变动成本。固定成本指生产准备成本，即装配费用，包括零部件的装配、设备的安装与调试等费用。变动成本是指与人工成本、材料费和实际生产有关的管理费用。

2. 库存持有成本

库存持有成本是因一段时期内持有商品而导致的，它由保管费用和库存持有费用组成。保管费用是与存储空间、供电、供暖等有关的费用。库存持有费用是与存货利息有关的费用。通常情况下，保管费用相对于库存持有费用而言要低得多。为方便计算，往往忽略不计。

有如下关系：

$$库存持有成本 = 保管费用 + 库存持有费用$$

$$保管费用 = 单位保管成本 \times 平均库存量$$

$$库存持有费用 = 贷款利率 \times 单位产品价格 \times 平均库存量$$

当需求均匀时：

$$平均库存量 = （期初库存量 + 期末库存量）/2$$

3. 缺货成本

当客户下达订单，但无法正常供货时，就产生了缺货成本。缺货成本有两种：失销成本和延期交货成本。当出现缺货时，如果客户选择收回购买要求，就产生了失销成本；如果客户愿意等待订单履行，就会产生延期交货成本。

$$失销成本 = 每产品单位的利润和信誉成本 \times 销售损失的产品单位$$

$$延期交货成本 = 延期成本 / （单位 \times 时间） \times 延期的产品单位 \times 延期时间长度$$

五、库存管理方式

根据对待库存物资理念的不同，可以将库存管理分成先进先出、后进先出以及零库存三种基本方式。

1. 先进先出的库存管理方式

先进先出是在库存管理中经常使用的方法，当使用时，先入库的物品先出库，又称为吐故纳新法。这种管理思想的优点是，先入库的物品先使用，剩下的物品都是新的。反之，先入库的物品不先用，剩下的物品必定都是旧的，就有可能发生变质或贬值。例如，某些饮料、酒在仓储中，会离析出纤细絮状的物质而出现浑浊沉淀的现象，从而引起商品的质量变化。其不足表现在，库存商品质量没有变化的同时库存增加，忽视了库存管理的根本任务。

2. 后进先出的库存管理方式

为了避免在采用先进先出管理思想时忽视对库存数量管理的现象，可以采用后进先出法。这是一种新型的管理方法，强制后入库的物品必须先发放，剩下的物品都是旧的。这就会促使有关人员设法改进工作，从而实现采用这种方法的目的。例如，当库存中旧物品增多时，管理人员就要倾听各方面意见，研究怎样改进工作，从而制定出调整库存量的好办法。这时，可以根据剩余量的具体情况，在做到物品不变质的同时，积极提出入库的适宜时间，或者提出调整库存量的意见。采用后进先出管理思想的优点是，可以督促相关人员随时跟踪库存情况，杜绝呆滞物品存在。所以，这种方式已经开始受到库存管理人员的普遍重视。

3. 零库存管理方式

零库存的提出可以解决库存管理中的部分浪费现象，零库存是一种特殊的库存概念，其含义是以仓库储存形式的某种或某些种物品的储存数量为"零"，即不保持库存。不以库存形式存在就可以免去仓库存货的一系列问题，如仓库建设、管理费用，存货维护、保管、装卸、搬运等费用，存货占用流动资金及库存物的老化、损失、变质等问题。库存管理是企业管理系统四大流中的物流部分，库存管理对物品的进、存、出进行台账管理，也就是既管理各物品供应和需求的关系使之达到供需间的平衡，又要尽量压低物品的库存量。

任务二 ABC库存控制技术

一般来说，企业库存的物料品种繁多，每种物料的价格都不一样，而且库存数量也不相等，有的物料库存数量不多但是占用的资金很多，而有的物料库存数量很多但占用的资金却很少。在这种情况下，对所有的库存物料不加区别地进行管理是不现实和不经济的，因为通过不断地盘点、发放订单、接受订货等工作来管理库存需要耗费大量的时间和资金。为了使有限的时间、资金、人力、物力等企业资源得到更有效的利用，企业应对库存物料进行分类，依据物料重要程度的不同，分别采用不同的库存管理策略，即实行ABC分类法管理库存。

一、ABC分类法的基本思路

1951年，美国通用电气公司的迪克在对公司的库存产品进行分类时，首次提出将公司的产品，根据销售量、现金流量、前置时间或缺货成本，分成A、B、C三类。A类库存为重要的产品，B类和C类库存依次为次重要的产品和不重要的产品。

ABC分类法的基本原理是，将库存物料按品种和占用资金的多少分为非常重要的物料（A类）、一般重要的物料（B类）和不太重要的物料（C类），然后针对不同重要级别分别进行管理与控制。其核心是"分清主次，抓住重点"。

ABC分类法的标准是A类品种数目占总品种数目的10%左右，资金额占总库存资金额的70%左右；B类品种数目占总品种数目的20%左右，资金额占总库存资金额的20%左右；C类品种数目占总品种数目的70%左右，资金额占总库存资金额的10%左右。

如果用累计品种百分比曲线表示（又称帕累托曲线），可以清楚地看到A、B、C三类物料在品种和库存资金占用额上的比例关系，如图5-2所示。

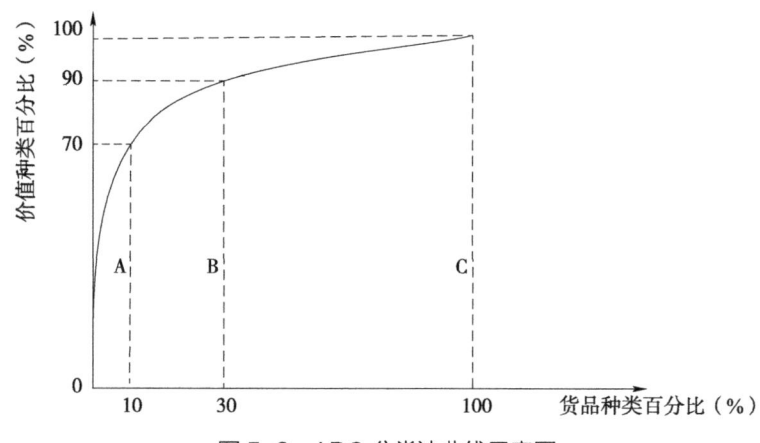

图5-2 ABC分类法曲线示意图

由图 5-2 可以看出，A 类物料的品种数量很少，但占用了大部分库存资金额，因此，物料品种数量增加时，库存资金累计额百分比增长很快，曲线很陡；B 类物料的品种数量累计百分比与库存资金累计额百分比基本相等，因此曲线较平缓；C 类物料品种数量很多，但是库存资金累计额百分比很小，因此曲线十分平缓，基本呈水平状。

二、ABC 分类实施的步骤

（1）收集库存物料在某一段时间的品种数、购买单价、需求量等资料。
（2）将库存物料按占用资金的大小顺序排列，编制 ABC 分类汇总表。
（3）计算库存物料品种数的百分比和累计百分比。
（4）计算库存物料占用资金的百分比和累计百分比。
（5）按照分类标准编制 ABC 分析表进行分类，确定 A、B、C 各类物料。

【例 5-1】某公司对上一年度的 20 种库存物料统计了平均需求量和平均购买价格，见表 5-1。为了对这些库存物料进行有效的控制，公司决定采用 ABC 分类法。试用 ABC 分类法对该公司的库存物料进行分类。

表 5-1 物料需求信息表

物料编号	年需求量/t	单位价格/元	占用库存资金额/元	物料编号	年需求量/t	单位价格/元	占用库存资金额/元
W0001	5	210	1 050	W0011	10	8	80
W0002	75	15	1 125	W0012	25	60	1 500
W0003	2	3 010	6 020	W0013	90	110	9 900
W0004	2 000	5	10 000	W0014	200	950	190 000
W0005	700	80	56 000	W0015	50	80	4 000
W0006	1	18 000	18 000	W0016	1 500	140	210 000
W0007	250	10	2 500	W0017	150	10	1 500
W0008	10 000	5	50 000	W0018	20	50	1 000
W0009	400	30	12 000	W0019	350	20	7 000
W0010	650	25	16 250	W0020	65	75	4 875

解：第一步，将库存物料按占用库存资金额的大小顺序排列，编制 ABC 分类汇总表，见表 5-2。

表 5-2 ABC 分类汇总表

物料编号	占用库存资金额/元	占用库存资金额的百分比/%	累计占用库存资金额/元	累计占用库存资金额百分比/%	物料品种数	物料品种数百分比/%	累计物料品种数	累计物料品种数百分比/%
W0016	210 000	34.84	210 000	34.84	1	5	1	5
W0014	190 000	31.52	400 000	66.36	1	5	2	10
W0005	56 000	9.29	456 000	75.65	1	5	3	15
W0008	50 000	8.29	506 000	83.94	1	5	4	20
W0006	18 000	2.99	524 000	86.93	1	5	5	25
W0010	16 250	2.70	540 250	89.62	1	5	6	30
W0009	12 000	1.99	552 250	91.61	1	5	7	35
W0004	10 000	1.66	562 250	93.27	1	5	8	40
W0013	9 900	1.64	572 150	94.92	1	5	9	45
W0019	7 000	1.16	579 150	96.08	1	5	10	50
W0003	6 020	1.00	585 170	97.08	1	5	11	55
W0020	4 875	0.81	590 045	97.88	1	5	12	60
W0015	4 000	0.66	594 045	98.55	1	5	13	65
W0007	2 500	0.41	596 545	98.96	1	5	14	70
W0012	1 500	0.25	598 045	99.21	1	5	15	75
W0017	1 500	0.25	599 545	99.46	1	5	16	80
W0002	1 125	0.19	600 670	99.65	1	5	17	8S
W0001	1 050	0.17	601 720	99.82	1	5	18	90
W0018	1 000	0.17	602 720	99.99	1	5	19	95
W0011	80	0.01	602 800	100.00	1	5	20	100

第二步，按照分类标准，编制 ABC 分析表进行分类，确定 A、B、C 各类物料。见表 5-3。

表 5-3 ABC 分析表

类别	占用库存资金额分类标准	品种数	品种数百分比/%	累计品种数百分比/%	占用库存资金额/元	占用库存资金额的百分比/%	累计占用库存资金额百分比/%
A	19 000 元以上	2	10	10	400 000	66.36	66.36
B	12 000～190 000 元	5	25	35	152 250	25.25	91.61
C	12 000 元以下	13	65	100	50 550	8.39	100

第三步，确定 A、B、C 各类物料，即：A 类物料占用库存资金额为 190 000 元以上，物料编号为 W0016、W0014，品种数为 2；B 类物料占用库存资金额为 12 000～190 000 元，物料编号为 W0005、W0008、W0006、W0010、W0009，品种数为 5；C 类物料占用库存资金额为 12 000 元以下，物料编号为 W0004、W0013、W0019、W0003、W0020、W0015、W0007、W0012、W0017、W0002、W0001、W0018、W0011，品种数为 13。

三、ABC 分类管理的措施

对库存物料进行 ABC 分类后，仓库管理人员应根据企业的经营策略和 ABC 三类物料各自不同的特点对其实施相应的管理和控制。

1. A 类

A 类物料品种数量少，但占用库存资金额多，是企业非常重要的物料，要重点管理。

（1）在满足用户对物料需求的前提下，尽可能降低物料库存数量，增加订货次数，减少订货批量和安全库存量，避免浪费大量的保管费与积压大量资金。

（2）与供应商建立良好的合作伙伴关系，尽可能缩短订货提前期和交货期，力求供应商供货平稳，降低物料供应变动，保证物料及时供给。

（3）严格执行物料盘点制度，定期检查，严密监控，尽可能提高库存物料盘点精度。

（4）与用户勤联系多沟通，了解物料需求的动向，尽可能正确地预测物料需求量。

（5）加强物料维护和保管，保证物料的质量。

2. B 类

B 类物料品种数量和占用库存资金额都处于 A 类与 C 类之间，是企业一般重要的物料，可以采取比 A 类物料相对简单而比 C 类物料相对复杂的管理方法，即常规管理方法。B 类物料中占用库存资金额比较高的品种要采用定期订货方式或定期定量相结合的方式。另外，对物料需求量的预测精度要求不高，只需每天对物料的增减加以记录，到达订货点时以经济订货批量加以订货。

3. C 类

C 类物料品种数量多，但占用库存资金额少，是企业不太重要的物料，可以采取简单方便的管理方法。

（1）减少物料的盘点次数，对部分数量很大、价值很低的物料不纳入日常盘点范围，并规定物料最少出库的数量，以减少物料出库次数。

（2）为避免缺货，可以适当提高物料库存数量，减少订货次数，增加订货批量和安全库存量，减少订货费用。

（3）尽量简化物料出库手续，方便领料人员领料，采取"双堆法"控制库存。

四、ABC 分类管理的注意事项

ABC 分类控制的目标是把重要的物料与不重要的物料区分开来并且区别对待，企业在对 ABC 三类物料进行分类控制时，还需要注意以下五方面。

（1）ABC 分类与物料单价无关。A 类物料占用库存资金额很高，可能是单价不高但需求量极大的组合，也可能是单价很高但需求量不大的组合。与此相类似，C 类物料可能是单价很低，也可能是需求量很小。通常对于单价很高的物料，在管理控制上要比单价较低的物料更严格，并且可以取较低的安全系数，同时加强控制，降低因安全库存量减少而引起的风险。

（2）有时仅依据物料占用库存资金额的大小进行 ABC 分类是不够的，还需以物料的重要性作为补充。物料的重要性主要体现在缺货会造成停产或严重影响正常生产、缺货会危及安全和缺货后不易补充三个方面。对于重要物料，可以取较高的安全系数，一般为普通物料安全系数的 1.2～1.5 倍，提高可靠性，同时加强控制，降低缺货损失。

（3）进行 ABC 分类时，还要对诸如采购困难问题、可能发生的偷窃、预测困难问题、物料的变质或陈旧、仓容、需求量大小和物料在经营上的急需情况等因素加以认真考虑，做出适当的分类。

（4）可以根据企业的实际情况，将库存物料分为适当的类别，并不要求局限于ABC 三类。

（5）分类情况既不反映物料的需求程度，也不揭示物料的获利能力。

任务三 定量订货法

企业当然可以保持很多的库存,进而在任何可预见的需求水平都可以保证供应。但保持库存会导致费用支出和效率损失。如何让库存保持在一个合理的水平,即配送中心要确定要补什么货;补货量是多少;什么时间补货?通常使用的库存控制技术有以下三种:定量订货法,即固定订货数量,可变订货间隔;定期订货法,即固定订货间隔,可变订货数量;需求驱动精益供应,即按生产需求的准确数量及时间订货。

定量订货法是指当库存量下降到预定的库存数量(订货点)时,按经济订货批量为标准进行订货的一种库存管理方式。

其基本原理是:预先确定一个订货点 ROL 和订货批量 Q*(一般取经济批量 EOQ),在销售过程中,随时检查库存,当库存下降到 ROL 时,就发出一个订货批量 Q*,如图 5-3 所示。

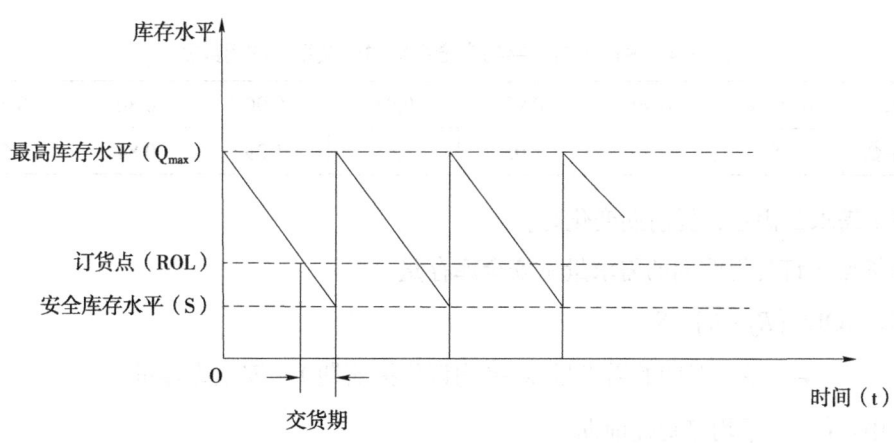

图 5-3 定量订货法

1. 订货点的确定

在定量订货法中,发出订货时仓库里该品种保有的实际库存量叫作订货点。它是直接控制库存水平的关键。

(1)在需求量和订货提前期都确定的情况下,不需要设置安全库存,可直接求出订货点。公式如下:

订货点 = 订货提前期的平均需求量

= 每个订货提前期的需求量

= 每天需求量 × 订货提前期(天)

= (全年需求量 /360) × 订货提前期(天)即,ROL=$R_d \times L$

式中：R_d——需求或使用速度；

L——订货提前期。

（2）需求量变化，提前期固定时。

订货点 = 订货提前期的平均需求量 + 安全库存

　　　　=（单位时间的平均需求量 × 订货提前期）+ 安全库存

即，$\text{ROL} = (\overline{R_d} \times L) + S$

式中：$\overline{R_d}$——单位时间的平均需求量；

S——安全库存量。

在这种情况下，安全库存量的计算公式为 $S = zQ_d\sqrt{L}$

式中：Q_d——提前期内的需求量的标准差；

L——订货提前期（月/天/周）；

z——预订客户服务水平下需求量变化的安全系数，它可以根据预订的服务水平，由正态分布表 5-4 查出。

表 5-4　客户服务水平与安全系数对应关系的常用数据

服务水平	0.999 8	0.99	0.98	0.95	0.90	0.80	0.70
安全系数	3.50	2.33	2.05	1.65	1.29	0.84	0.53

（3）需求量固定，提前期变化时。

订货点 = 订货提前期的需求量 + 安全库存量

即，$\text{ROL} = (R_d \times \overline{L}) + S$

　　　　=（单位时间的需求量 × 平均订货提前期）+ 安全库存量

式中：$\overline{L}$——平均订货提前期。

在这种情况下，安全库存量的计算公式为：

$$S = zR_dQ_t$$

式中：Q_t——提前期的标准差。

（4）需求量和提前期都随机变化时

订货点 = 订货提前期的需求量 + 安全库存

　　　　=（单位时间的平均需求量 × 平均订货提前期）+ 安全库存

即，$\text{ROL} = (\overline{R_d} \times \overline{L}) + S$

在这种情况下，安全库存量的计算公式为

$$S = z\sqrt{Q_d^2\overline{L} + \overline{R_t}^2 Q_t^2}$$

2. 订货批量的确定

经济订货批量（Economic Order Quantity，EOQ）是通过平衡采购进货成本和保管仓储成本核算，以实现总库存成本最低的最佳订货量。（国家标准 GB/T 18354—2006《物流术语》）

订货批量就是一次订货的数量。它直接影响库存量的高低，同时也直接影响物资供应的满足程度。在定量订货中，对每一个具体的品种而言，每次订货批量都是相同的，通常是以经济批量作为订货批量。

为便于讨论，模型假设如下。

（1）需求量确定并已知，整个周期内的需求是均衡的。

（2）供货周期固定并已知。

（3）集中到货，而不是陆续入库。

（4）不允许缺货，能满足所有需求。

（5）购买价格或运输费率等是固定的，并与订购的数量、时间无关。

（6）没有在途库存。

（7）只有一项商品库存，或虽有多种库存，但各不相关。

（8）资金可用性无限制。

在以上假设前提下，简单模型只考虑两类成本，即库存持有成本与采购订货成本。总库存成本与订货量的关系如图5-4所示。

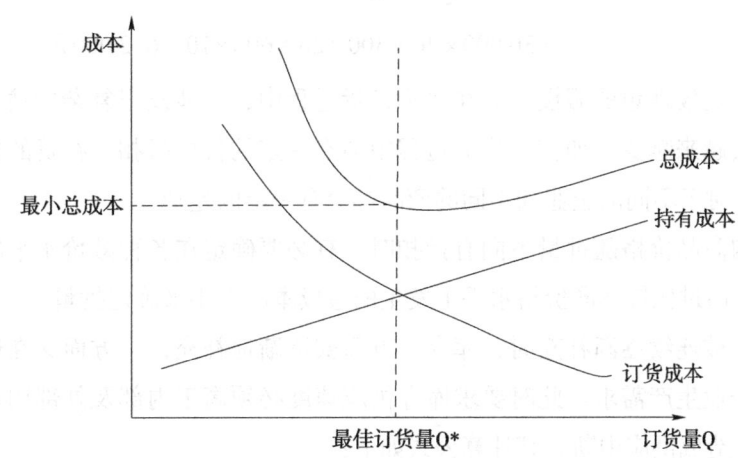

图5-4 库存总成本与订货量的关系

基于上述假设，年总库存成本可由以下公式表示：

$$TC = DP + \frac{DC}{Q} + \frac{QK}{2}$$

式中：TC——年总成本；

D——年需求量；

P——单位产品价格；

C——每次订货成本；

Q——订货批量；

K——单位产品持有成本。

为了获得使总成本达到最小的 Q，即经济订货批量，将 TC 函数对 Q 微分：

$$EOQ = \sqrt{\frac{2CD}{K}}$$

【例 5-2】某仓库 A 商品年需求量为 30 000 个，单位商品的购买价格为 20 元，每次订货成本为 240 元，单位商品的年保管费为 10 元，求：在保证供应的条件下，该商品的经济订货批量、每年的订货次数、平均订货间隔周期及最低年总库存成本。

解：由题意可知，D=30 000 个，P=20 元，C=240 元，K=10 元，代入公式：

经济批量：$EOQ = \sqrt{\dfrac{2CD}{K}} = \sqrt{\dfrac{2 \times 240 \times 30\,000}{10}} = 1\,200$ 个

每年的订货次数：N=30 000/1 200=25 次

平均订货间隔周期：T=365/25=14.6 天

最低年总库存成本：$TC = DP + \dfrac{DC}{Q} + \dfrac{QK}{2}$

$$= 30\,000 \times 20 + 300 \times 20 + 600 \times 10 = 612\,000 \text{元}$$

上述模型是较理想的假设，而在实际订货过程中，会涉及很复杂的情况，这样的假设条件也会越来越少，如在订货的过程中会有一定的价格折扣，补货的速度会有一定的变化等，对于不同的企业和不同的商品都会有一定的差别。

对于订购商品价格随批量不同有折扣时，有必要确定在各种减价水平的持有成本和订货成本。通过比较不同价格水平下发生的总成本的大小来确定批量。

对于库存被连续逐渐补充时，库存一方面被逐渐地补充，一方面又在逐渐地被提取，以满足企业生产需求。此时要求库存供应速度必须高于内部及外部用户的需求速度。否则，易造成供应中断。其计算公式如下：

$$EOQ = \sqrt{\frac{2CD}{PF\left(1 - \dfrac{R_d}{R_s}\right)}}$$

式中：R_d——需求速度；

R_s——合约约定供应速度。

【例 5-3】 某仓库 A 商品年需求量为 30 000 个,单位商品的购买价格为 20 元,每次订货成本为 240 元,单位商品的年保管费为 10 元。该仓库在采购中发现,A 商品供应商为了促销,采取以下折扣策略:一次购买 1 000 个以上打 9 折;一次购买 1 500 个以上打 8 折。若单位商品的仓储保管成本为单价的一半,求在保证供应的条件下,甲仓库的最佳经济订货批量应为多少?

解: 根据题意列出多重折扣价格表,见表 5-5。

表 5-5 多重折扣价格表

折扣区间	0	1	2
折扣点(个)	0	1 000	1 500
折扣价格(元/个)	20	18	16

(1)计算折扣区间 1 的经济批量。

$$EOQ_1^* = \sqrt{\frac{2CD}{K}} = \sqrt{\frac{2 \times 240 \times 30\,000}{18 \times 0.5}} \approx 1\,265 \text{个}$$

∵ 1 000 < 1 265 < 1 500

∴ 取 1 265 个

(2)计算折扣区间 2 的经济批量。

$$EOQ_2^* = \sqrt{\frac{2CD}{K}} = \sqrt{\frac{2 \times 240 \times 30\,000}{16 \times 0.5}} \approx 1\,342 \text{个}$$

∵ 1 342 < 1 500

∴ 取 1 342 个

(3)计算 TC_1 和 TC_2 对应的年总库存成本。

$$TC_1 = DP_1 + \frac{DC}{Q_1} + \frac{Q_1 K}{2} = 30\,000 \times 18 + \frac{30\,000 \times 240}{1\,265} + \frac{1\,265 \times 10}{2} = 552\,016.7 \text{元}$$

$$TC_2 = DP_2 + \frac{DC}{Q_2} + \frac{Q_2 K}{2} = 30\,000 \times 16 + \frac{30\,000 \times 240}{1\,500} + \frac{1\,500 \times 10}{2} = 492\,300 \text{元}$$

由于 $TC_2 < TC_1$,所以在批量折扣的条件下,最佳订货批量 EOQ^* 为 1 500 个。

任务四　定期订货法

定期订货法是按预先确定的订货间隔期进行订货的一种库存管理方式。

其基本原理是预先确定一个订货周期 T 和最高库存量 Q_{max}，周期性地检查库存，根据最高库存量、实际库存、在途订货量和待出库商品数量，计算出每次订货批量，发出订货指令，组织订货，如图 5-5 所示。

在系统运行之前，先确定好订货周期，假设为 T，也确定好仓库库存控制的最高库存量，假设为 Q_{max}，库存销售按正常规律进行。假设在时间轴的 O 点开始运行定期订货法，这时检查库存量，库存水平在 1 点，库存量假设为 Q_{K1}，则发出订货，订货量取 Q_{K1} 与 Q_{max} 的差值，即第一次的订货量 $Q_1=Q_{max}-Q_{K1}$。随后进入第一个订货提前期 T_{K1}，提前期结束，所谓 Q_1 的货物到达，实际库存一下升高了 Q_1，到达高库存，然后进入第二个周期的销售，销售仍然按正常进行，销售过程中可以不管库存量的变化。待经过一个订货周期 T，到了按订货周期该订货的时间，再检查库存量，假设这时（2 点）的库存量为 Q_{K2}，就又发出订货量 Q_2，Q_2 的大小等于 Q_{K2} 与 Q_{max} 的差值。随后进入第二个订货提前期 T_{K2}，T_{K2} 结束，所订货物 Q_2 到达，将实际库存量又一下提高到高库存。随后进入第三个销售周期，到了下一个订货日，又检查库存、发出订货。这样继续下去。

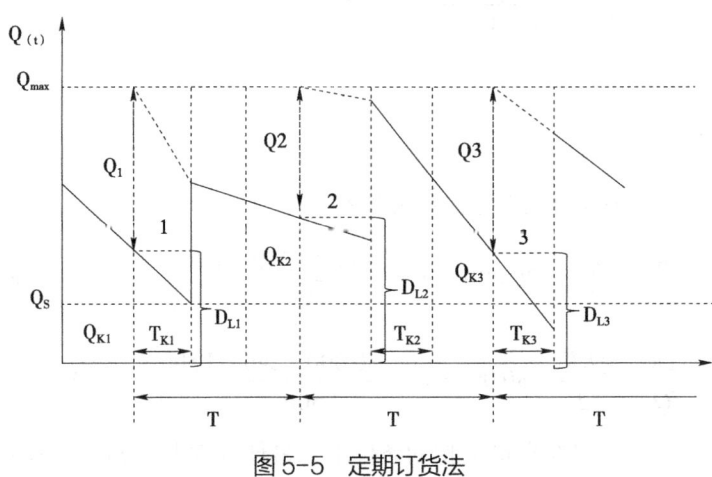

图 5-5　定期订货法

为什么这样操作能达到既控制了库存量又保证满足客户需要的目的呢？

控制库存量是很明显的。整个运行过程的最高库存量不会超过 Q_{max}。实际上，刚订货时，包括订货量在内的"名义"库存量最高就是 Q_{max}，待经过一个订货提前期销售，所订货物实际到达，实际最高库存量比 Q_{max} 还少一个提前期平均需求量，等于

$Q_{max}-D_{LP}$。所以 Q_{max} 实际上就是最高库存量的控制线,它是定期订货法用以控制库存量的一个关键性的控制参数。

定期订货法如何保证客户需求的满足程度呢?定期订货法在保证用户需求满足程度方面的方法原理与定量订货法不同。定量订货法是以提前期用户需求量为依据,制定策略的目的是保证提前期内客户需求量的满足,它的决策参数 Q_T,就是只能按一定满足程度来保证满足提前期内客户的需求量。定期订货法不是以满足提前期内的客户需求量为目的,而是以满足订货周期内的需求量再加上满足提前期内客户需求量为目的,即是以满足 $T+T_K$ 期间的客户总需求量为目的。它根据 $T+T_K$ 期间的客户总需求量为依据来确定 Q_{max} 的。因为 $T+T_K$ 期间的总需求量也是随机变化的,所以它也是一个随机变量。其值也是由两部分构成,一部分是 $T+T_K$ 期间的平均需求量,另外一部分是为预防随机性延误而设置的安全库存量。而安全库存量的大小也是根据一定的库存满足率而设置,库存满足率越高,则安全库存量也越多,Q_{max} 也越大,库存满足程度也越高。

定期订货法的实施主要取决于以下 3 个控制参数。

1. 订货周期(T)

定期订货法中,订货周期决定了订货时机,它也就是定期订货法的订货点。订货间隔期的长短,直接决定了最高库存量的大小,也就是决定了仓库的库存水平的高低,因而决定了库存费用的大小。所以订货周期不能太大,否则就会使库存水平过高;也不能太小,否则订货批次太多,会增加订货费用。其计算公式为:

$$T = \frac{EOQ}{D} = \sqrt{\frac{2C}{KD}}$$

式中:T——订货周期;

D——年需求量;

C——每次订货成本;

K——单位产品持有成本。

2. 最高库存量(Q_{max})

定期订货法的最高库存量应该以满足订货时间间隔期间的需求量为依据。最高库存量的确定应满足三个方面的要求,即订货周期的要求,交货期或订货提前期的要求和安全库存。其计算公式为:

$$Q_{max} = R_d(T+L) + S$$

式中:R_d——需求速度;

L——平均订购时间;

S——安全库存量。

其中 S 的计算方法同前,现归纳见表 5-6。

表 5-6　安全库存量(S)计算公式

计算参数 \ 变化情况	需求量变化,提前期固定时	需求量固定,提前期变化时	需求量和提前期,都随机变化时
安全库存量(S)计算公式	$S = zQ_d\sqrt{L+T}$	$S = zR_dQ_t$	$S = z\sqrt{Q_d^2(\overline{L}+T)+\overline{R_t^2}Q_t^2}$

3. 订货量(Q)

定期订货法没有固定不变的订货批量,每个周期的订货量的大小都是由当时的实际库存量的大小确定的,等于当时的实际库存量与最高库存量的差值。其计算公式为:

$$Q = Q_{\max} - Q_0 - Q_1 + Q_2 = R_d(T+L) + S - Q_0 - Q_1 + Q_2$$

式中:Q_0——现有库存量;

Q_1——在途库存量;

Q_2——已经售出但尚未提货的库存量。

定量订货法与定期订货法的区别

任务五　JIT 库存控制技术

一、JIT 基本原理

20 世纪 70 年代末，在石油危机的冲击下，为了降低成本，消除在生产过程中的一切浪费，日本丰田汽车公司首先推出准时制化的生产方式 JIT（Just InTime）。JIT 反映了生产制造业追求的一种优秀理念，是通过工厂的"拉动系统"进行管理，它涉及产品设计、过程设计、设备选择、物料管理、质量保证等一系列的活动。其基本点是有计划地消除所有的浪费，持续不断地提高生产率。从原材料到产成品的所有过程消除一切浪费，强调零库存，以零缺陷为目标改善产品质量。通过减少准备时间、队列长度和批量达到缩短提前期，改进操作过程，并且以最小成本来实现这些目标。

丰田关于 JIT 系统的定义是：只在必要的时间以必要的数量生产必要的物料。JIT 是一组活动的集合，其目的在于实现在原材料、在制品及产成品保持最小库存的情况下进行大批量生产，零件准时到达下道工序并被下道工序迅速加工和转移；准时制是基于任何工序只在需要时才生产必要的制品的逻辑。生产的需要是产生于对产品的实际需求。理论上讲，当有一件产品卖出时，市场就从系统的终端拉动一个产品，于是形成对生产线的订货。总装配线上的工人从物流的上游工位拉动一个新产品补充被取走的产品。这个上游工位又从更上游的工位拉动产品。重复这一过程，直到原材料投入下一道工序。为了保证该拉动过程平稳工作，JIT 要求全过程各阶段都要具有高水平的质量、良好的供应商关系以及对最终产品需求的准确预测。

二、JIT 生产系统与传统物流系统的不同

JIT 生产系统与传统生产系统主要的不同体现在以下两点。

1. 生产流程化

传统生产系统是一种生产由前向后推动式的生产系统，即由原材料仓库向第一个生产程序供应原材料，把它们加工成在制品、半成品转入第一生产程序的在制品、半成品仓库，然后再由此仓库向第二个生产程序供应半成品，进行深加工，如此向后推移，直到制成成品转入产成品仓库，等待销售。在传统生产系统中，大量原材料、在制品、产成品的存在，必然导致生产费用的占用和浪费，而 JIT 生产系统则与此相反，需求拉动产品的生产。因此，JIT 系统也称为拉动式生产系统。企业以订单的要求为出发点，即要求企业由后向前全面安排生产，后一道生产程序决定前一道生产程序的内容，JIT 系统要求企业的供、产、销各环节紧密配合，大大降低了库存，从而降低了成

本，提高了生产的效率和效益。

2. 生产的均衡化

即将一周或一日的生产量按分秒时间进行平均，所有生产流程都按此来组织生产，这样一条流水线上每个作业环节上单位时间必须完成多少何种作业就有了标准定额，所在环节都按标准定额组织生产，因此要按此生产定额均衡地组织物质的供应、安排物品的流动。因为JIT生产方式的生产是按周或按日平均了的，所以与传统的大生产、按批量生产的方式不同，JIT的均衡化生产中无批次生产的概念。

三、JIT中的库存控制策略

JIT在最初引起人们注意时，曾被称为"丰田生产方式"。JIT从诞生以来，经过几十年的发展，已由最初作为库存管理的工具，演变到今天可以说已形成了一个复杂的、涉及控制企业生产全过程的管理体系，它的基本思想是"只有在需要的时候、按需要的量、生产所需的产品"。

核心是追求一种无库存生产系统，或使库存达到最小。它的出发点是减少或消除从原材料投入到产成品的产出全过程中的库存及各种浪费，建立起平滑而更有效的生产过程。

JIT对减少库存提出了一种新思路：把库存看成一条河水的深度，将库存中存在的问题看成河底的石头，水深时，要搞清石块必须潜入水中调查，如果减少水量，石块就会自动显现出来。对于库存来说，若减少库存，存在的问题和浪费就会突出显露出来，就能针对问题提出解决方法，使问题得以全面解决。

另外，JIT实现的是适时、适量生产，即在需要的时候按需要生产所需的产品，也就是说产品生产出来的时间就是顾客所需要的时间，同样，材料、零部件到达某一工序的时刻，正是该工序准备开始生产的时候，没有不需要的材料被采购入库，也没有不需要的制品及产成品被加工出来。

JIT实行生产同步化，使工序间在制品库存接近于零，工序间不设置仓库，前一工序加工结束后，使其立即转移到下一工序去，装配线与机械加工几乎同时进行，产品被一件件连续地生产出来。在制品库存的减少可使设备发生故障、次品及人员过剩等问题充分暴露，并针对问题提出解决问题的方法从而带来生产率的提高。

在原材料库存控制方面，若仅考虑价格与成本之间的关系，依照传统的库存控制策略就可能为赢得一定的价格折扣，而大量地购入物品。JIT在采购时不仅考虑了价格与费用之间的关系，还考虑了许多非价格的因素，如与供应商建立良好的关系，利润分享且相互信赖，以减少由于价格的波动对企业带来的不利影响，选择能按质、按时提供货物的供应商，保证JIT生产的有效运行。这样，JIT就有效地控制了原材料库存,从根本上降低了库存。

四、JIT 生产方式消除库存、改善物流的关键做法

1. 生产准备耗费与储存成本控制

传统观念是接受生产准备耗费或订购成本与储存成本为必然存在且为既定的。因而控制的方法是找到一个理想的储量,其成本之和为最低。与此相反,JIT 的观念认为这两类成本并不是既定的,可以寻求方法和采取措施使之下降,或者趋于零,可以通过以下方法实现。

(1)引进先进的机器设备,计算机化的控制与操作已使得生产准备阶段所耗时间变得很短,从而使准备耗费大幅度下降。

(2)仅选择几个可靠的供应商,且与他们建立起长期的订购关系,采购业务仅通过电话或是传真的方式进行。由此采购费用大幅度下降。

(3)选定的供应商可按时、按量及按质将材料运到,因此企业的库存可以压低到极限,因此储存成本也可降低到最低水平。

2. 如何保证交货期

能否按期交货是衡量企业是否有能力满足顾客需求的关键标准之一。传统处理方式是由储存一定量的产成品来达到。然而,JIT 却采用改善企业内部机制,大幅度缩短"提前期"的方式实现。这里的提前期是指顾客提出要货至拿到货物所需的时间。提前期越短,企业面临市场变化的需求的能力也越高。JIT 在这方面的改革包括以下四点。

(1)降低生产准备时间以缩短"提前期"。

(2)提高材料、零部件和产成品的质量。消除生产废品及事后检验的时间耗费。

(3)改革生产过程的布局方式,由部门型或职能型转化为以产品为中心的生产布局方式,由此缩短了由原材料-零部件-产品转移过程的路途。

(4)库存方式由集中型转化为小而分散式,减少了库存空间和资金的占用。

3. 避免事故损失

JIT 的观念认为正是由于允许存货的存在而遮盖了急需管理的问题,如同河里的石头,水深是看不见的,要解决问题必须让石头露出水面。

(1)追求设备失灵率为零的目标。强调全员参与设备的日常保养与维修。

(2)从采购到内部生产进行全过程的全面质量控制。

(3)利用看板管理法保证生产过程物流畅通。

看板管理即把工厂中潜在的问题或需要做的工作显现或写在一块显示板或告示板上,让任何人一看到看板就知道出了何种问题或应采取何种措施。看板管理需借助一系列的手段来进行,比如告示板、带颜色的灯、带颜色的标记等,不同的方法表示不

同的含义。如在物品上贴上红条表示该种物品在日常生产活动中不需要；在告示板上标明什么物品在什么地方，库存数量是多少；用警示灯让现场管理者随时了解生产过程中何处出现异常情况、某个环节的作业进度、何处请求供应零件等的工具；用红线表示仓库及储存场所货物堆放的最大值标记，以此简便方法来控制物品的最大库存量；用标准作业表将人、机械有效地组合起来以决定工作方法；用错误的示范让员工了解何谓不良品，而把不良品陈列出来的方法；用错误防止板加强自我管理而减少错误。

4. 消化价格的影响

实施 JIT 系统订货与传统的订货有不同的方式和要求。物料购买过程也就是与供应商打交道以获取企业生产产品或提供劳务所需的材料。购买的关键就是要选择供应商，需要考虑价格、质量、及时交货等问题。传统的购买最关心的是价格，而忽视了质量和及时交货的要求。在这种购买方式下，企业一般有许多供应商。日本 JIT 采购系统的成功经验极大地影响了现代采购方式。JIT 系统认为，从较少的供应商那里采购比从许多供应商那里采购有许多优势。从长远的角度来看，厂商与供应商建立合作关系将有利于厂商和供应商达成共识，促进双方共同获得成功，尽管价格仍然是一个不容忽视的因素，但质量和可靠性已成为现代购买方式中越来越重要的因素。在 JIT 系统中，如果物料质量和可靠性出现问题，将导致整个系统处于停顿状况。为消化价格的影响，JIT 的做法是：选择较近的供应商，降低运输成本；选择能按时、按量及按质提供货物的供应商，保证 JIT 生产的有效运行；与供应商建立良好的关系，利益分享且相互信赖，以此减少由于价格的变动给企业带来的压力。

五、JIT 在物流中的作用

JIT 是一种生产方式，但其核心是消减库存，直至实现零库存，同时又能使生产顺利进行。这种观念本身就是物流功能的一种反应，而 JIT 应用于物流领域，就是指要将正确的商品以正确的数量在正确的时间送到正确地点。这里的"正确"就是 Just 的意思，既不多也不少、既不早也不晚，刚好按需要送货。这当然是一种理想化的状况，在多品种、小批量、多批次、短周期的消费需求的压力下，生产者、供应商及物流配送中心、零售商都要调整自己的生产、供应、流通流程，按下游的需求时间、数量、结构及其他要求组织好均衡生产、供应和流通，在这些作业内部采用看板管理中的一系列手段来削减库存，合理规划物流作业。

在库存控制过程中，无论是生产者、供应商还是物流配送中心或零售商，均应对各自的下游客户的消费需要作精确的预测，否则就用不好 JIT，因为 JIT 的作业基础是假定下游需求是固定的，即使实际上是变化的，但通过准确的统计预测，也能把握下游需求的变化。

任务六　MRP 库存控制技术

一、MRP 基本原理

物料需求计划（Material requirements planning，MRP）是制造企业内的物料计划管理模式。根据产品结构各层次物品的从属和数量关系，以每个物品为计划对象，以完工日期为时间基准倒排计划，按提前期长短区别各个物品下达计划时间的先后顺序。

在库存管理中，我们必须搞清独立需求与相关需求的区别，库存系统决策的基础依赖于区分需求来自最终产品还是与该产品本身有关。

当一个库存项目的需求与其他库存项目的需求无关时，称为独立需求。因此，独立需求是一种不能从上一级需求派生出下一级需求的需求类型。即需求项目之间没有任何联系，不会发生一个项目的需求对另一个项目的需求产生影响的需求形式，如对成品、备品备件等的需求。这种需求受市场等随机因素的影响，需求一般经过预测得到。

当一个库存项目的需求与其他库存项目的需求直接相关时，称为相关需求。相关性包含两方面：一种是纵向的，即上一级需求项目派生出下一级需求项目。另一种是横向的，如随同产品发货的附件等。

EOQ 系统解决了独立需求物品的库存控制问题，而 MRP 则是为有效地适应相关需求物品而发展起来的。相关需求的物品（物料），指这些物品的需求与其他物品的需求有着直接的关系，即按产品结构，一个低层次物料的需求取决于上一层部件的需求，部件的需求又取决于其上一层次组装件的需求，依此类推直至最终产品的需求。对相关需求的物品，由于其需求取决于最终产品的生产数量和交货期，因此要采用 MRP 对其进行控制，按最终产品的需求量和需求时间来确定各种物资的需求数量和订购时间。因此，MRP 既是一个精确的排产（优先次序）系统，又是一种有效的物料控制系统，它的目标是将库存量保持在最低限度，而又能保证及时供应所需数量的物料。

MRP 依据最终产品的总生产进度计划，并按照产品结构确定所需零部件的需求量，然后根据已有的库存资源及各种零部件的前置时间与最终产品的交货期限展开成零部件的生产进度日程和材料与外购件的订购时间和订购数量。在情况发生变化后，MRP 能根据新的情况调整生产的优先次序重新排产。它保证在需要的时间供应所需的物料，并同时使库存保持在最低水平。

二、MRP 系统的运行步骤

MRP 系统运行需要借助于电子计算机，其运行步骤大致如下。

（1）根据市场预测和客户订单，正确编制可靠的生产计划和生产作业计划，在计划中规定生产的品种、规格、数量和交货日期，同时，生产计划必须是同现有生产能力相适应的计划。

（2）正确编制产品结构图和各种物料、零部件的用料明细表，产品结构图是从最终产品出发，把产品作为一个系统，其中包括多少个零部件所组成，每个产品从总装→部件→零部件可划分为几个等级层次，而每一层次的零部件又由多少个小零部件所组成。

（3）正确掌握各种物料、零部件的实际库存量，以及最高储备量和保险储备量等有关资料。

（4）正确规定各种物料和零部件的采购交货日期，以及订货周期和订购批量。

（5）根据上述资料，通过 MRP 的逻辑运算确定各种物料和零部件的总需要量（按产品结构图和明细表逐一计算）以及实际需要量。

（6）按照各种物料和零部件的实际需要量，以及规定的订购批量和订货周期，向采购部门发出采购通知单或向本企业生产车间发出生产指令。

MRP 系统的整个工作流程如图 5-6 所示。

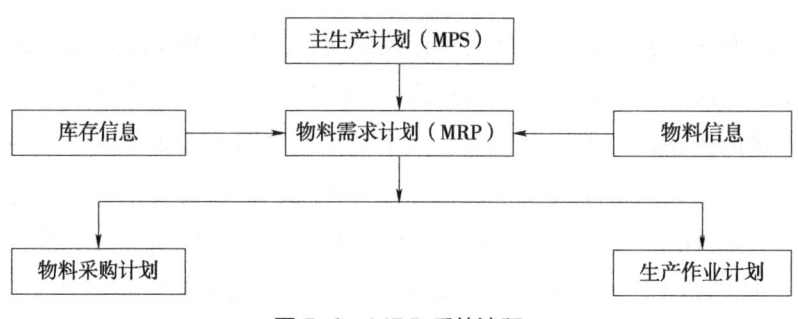

图 5-6　MRP 系统流程

三、MRP 的计算方法

1. 产品结构与零部件分解

产品结构是将组成最终产品的组件、部件、零部件，按组装成品顺序合理地分解为若干个等级层次，从而构成产品的完整系统。产品结构越复杂，等级层次越多，零部件和材料明细表也就越复杂。以一个简单产品为例，其产品结构示意如图 5-7 所示。

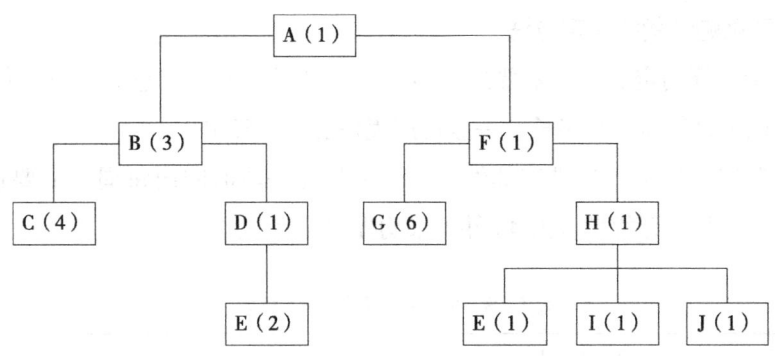

图 5-7 产品结构示意

从图 5-7 可以看出，A 是最终产品，共有四个等级层次，第一层次，A 产品是由 3 个 B 和 1 个 F 零部件组成；第二层次，B 是由 4 个 C 和 1 个 D 零部件组成；F 是由 6 个 G 和 1 个 H 零部件组成；第三、第四层次可依次类推，其中的 E 是 D 和 H 的通用件。

零件分解是指根据企业在规定时期内应生产的产品种类和数量，分析计算这些产品所需各种零部件的种类和数量，并计算出每一种零部件所需准备、加工及采购过程的全部时间。

2. 零部件需要量的计算方法

以图 5-7 的产品结构示意为例，已知 A 是最终产品，属于独立需求，其需求量是由客户或市场所决定。若已知其需求量为 100 个，而其他各种零部件都属于相关需求，其需求量受 A 产品的数量影响，根据所有产品及零部件的库存量，可以计算出它们的实际需求量，计算结果如表 5-7 所示。

表 5-7 A 产品及其零部件需求量计算表

名称	库存量（个）	总需求量（个）	实际需求量（个）
A	0	100	100-0=100
B	250	3×100=300	300-250=50
C	14	4×50=200	200-14=186
D	20	1×50=50	50-20=30
E	40	（2×50）+（1×74）=174	174-40=134
F	16	1×100=100	100-16=84
G	54	6×84=504	504-54=450
H	10	1×84=84	84-10=74
I	6	1×74=74	74-6=68
J	40	1×74=74	74-40=34

3. MRP 采购订货的确定方法

当需求量计算确定之后，就要进一步明确各种货物的进货总需要量，每次订货批量是多少，以及订货周期是多长，一般可用表格法计算确定。

例如，假定已知某产品或零部件的总需要量在一段时间内每周总需要量如表 5-8 中第二行所示；每次订货批量为 40 件；采购提前期为 3 周。

表 5-8 MRP 采购订货计算表

时间（周）	1	2	3	4	5	6	7	8	9	10	……
总需要量	20	28	25	16	18	19	20	6	2	20	
计划到货量		40		40		40				40	
库存（35）	15	27	2	26	8	29	9	3	1	21	
计划订货量	40		40				40				

表 5-8 中，第一行表示间隔时间，单位是周。第二行为总需要量，如果是最终产品，主要是根据客户和市场需要确定；如果是零件或物料，应区分独立需求的零件与相关需求的零件。前者按市场预测确定，后者由最终产品数量确定。本例每周总需要量是不等的，因此，它的订货时间和到货时间应根据需要量的变化而变化。第三行为计划到货量，一般是根据实际需要时间来确定的，第二周到货 40 件，因订货周期为 3 周，所以它是上上期发出订货到期进厂的零件；第四周到货 40 件，是第一周订货到期进厂的零件；第六周和第十周各到货 40 件，分别是第三周和第七周订货进厂的零件。第四行为库存量，第一周的库存量是 35-20=15；第二周库存量是 15+40-28=27，即每周库存量＝本周收货量＋上周库存量－本周需要量，本例不考虑最高和最低储备量。第五行为计划订货量，主要是根据计划到货期决定的，本例按每次计划到货期提前三周发出采购通知单，是定量不定期，而在实际工作中，也可以是定期不定量。

4. MRP 系统的发展

尽管 MRP 的目标之一是将库存保持在最低水平又能保证及时供应所需的物品，但是 MRP 仍存在一些缺陷。其主要缺陷是没有考虑到生产企业现有的生产能力和采购的有关条件的约束。因此，计算出来的物料需求的日期有可能因设备和工时的不足而没有能力生产，或者因原料的不足而无法生产。同时，它也缺乏根据计划实施情况的反馈信息对计划进行调整的功能。

正是为了解决以上问题，MRP 系统在 20 世纪 70 年代发展为闭环 MRP 系统。闭环 MRP 系统除了物料需求计划外，还将生产能力需求计划、车间作业计划和采购作业计划也全部纳入 MRP，形成一个封闭的系统。

随后闭环 MRP 系统中又加入了对制造范围的资金控制，计划方法的名称随着控制的对象的升级而改为制造资源计划（Manufacturing Resource Planning），即 MRP Ⅱ。从 MRP Ⅱ 的概念产生后的 10 年间，企业计划与控制的原理、方法和软件都成熟和完善起来。在此期间又出现了许多新的管理方法如 JIT，新的管理思想和战略如 CIMS 和精益生产 LP 等。计算机和信息技术更是飞速发展。各个 MRP Ⅱ 软件厂商不断地在自己的产品中加入了新的内容，逐渐演变形成了功能更完善、技术更先进的制造企业的计划与控制系统。20 世纪 90 年代初，美国人总结当时 MRP Ⅱ 软件在应用环境和功能方面主要发展的趋势，提出"企业资源计划 Enterprise Resources Planning（ERP）"的概念。ERP 在资源计划和控制功能上的进步体现在两个方面，其一是计划和控制的范围从制造延伸到整个企业，其二是资源计划的原理和方法应用到非制造业。

MRP、MRP Ⅱ 和 ERP 的发展反映了应用对象需求的不断提高，具有鲜明的时代特征。美国《制造系统》杂志 1998 年 12 月公布的制造信息技术专业术语中，就将 ERP 简单又笼统地说成是"多数企业使用的当前一代的制造资源计划系统"。但同一个时期，特别在国内，企业间的功能位置各异，发展水平也是不均衡的，不可能都采用一种等级的应用系统。因此，MRP、MRP Ⅱ 和 ERP 都分别有各自的功能和应用范围。

MRP 和 ERP 的区别

相关案例　透视"零库存"

项目小结

库存是指企业在生产经营过程中为现在和将来的耗用或者销售而储备的资源。广义的库存还包括处于制造加工状态和运输状态的物品。

库存管理也称库存控制，是指对制造业或服务业生产、经营全过程的各种物品、制成品以及其他资源进行管理和控制，使其储备保持在经济合理的水平上。它的重点在于确定如何订货、订购多少、何时订货等问题。传统的观念认为仓库里的商品多，表明企业兴隆，现在则认为零库存是最好的库存管理。库存多，占用资金多，利息负担加重。但是如果过分降低库存，则会加大短缺成本，造成货源短缺。当库存管理不当时会导致库存的不足或过剩，前者将会错过销货机会，降低销售额，甚至失去客户，商誉下降；后者会加大库存的持有成本。库存管理的目标就是防止超储和缺货，在企业现有资源的约束下，以最合理的成本为用户提供满意的服务。

对于库存控制可以采用 ABC 分类法，也就是，将公司的产品，根据销售量、现金流量、前置时间或缺货成本，将库存物料按品种和占用资金的多少分为非常重要的物料（A 类）、一般重要的物料（B 类）和不太重要的物料（C 类），然后针对不同重要级别分别进行管理与控制。其核心是"分清主次，抓住重点"。

通常使用的库存控制技术有以下三种：定量订货法，即固定订货数量，可变订货间隔；定期订货法，即固定订货间隔，可变订货数量；物料需求计划，即按生产需求的准确数量及时间订货。

习题与实训

1. 简述库存在物流运作中的作用。
2. 什么是库存管理，其目标是什么？
3. 简述 ABC 分类法的原理和主要步骤。
4. 什么是 JIT？其消除库存、改善物流的关键做法是什么？
5. 某电器公司为了降低库存成本，采用了定量订货法控制库存。该公司对电磁炉的年需求量为 735 个，每次订货成本为 60 元，每年每个电磁炉的持有成本为 0.5 元。如果安全库存为 2 天，订货提前期为 5 天，请确定该产品的订货点与订货批量。
6. 某工厂物料需求和库存记录文件如下表，请用 MRP 方法计算填表（采购提前期为 2 周，订货批量为 30）。

时间/周	1	2	3	4	5	6	7	8	9	10
需求量/t	5	20	0	15	5	0	30	10	20	15

项目六　供应链环境下的库存控制

学习目标

理解供应链管理的基本概念及其在库存控制中的重要性，能够分析企业供应链中的库存问题，包括库存过剩、缺货、库存周转率低等现象及其对整体运营的影响。

掌握不同环节（供应商、制造商、分销商、零售商）之间库存管理的协调机制，学会实施 VMI 的关键步骤，包括数据共享、库存监控和订单生成过程，学习如何通过联合库存管理解决不同参与方之间的库存协调与优化问题。

通过学习供应链环境下的库存控制，学习者将能够全面理解供应链环境下的库存控制问题，掌握 VMI 管理系统和联合库存管理的核心概念和技术，从而能够在实际供应链管理中有效优化库存，提高企业的运营效率和客户满意度。

案例导入　沃尔玛和宝洁如何由冲突走上合作之路

任务一　供应链管理环境下的库存问题

原材料、在制品、半成品、成品等形式的库存存在于供应链的各个环节，由于库存费用通常占库存物品价值的 20%～40%，因此供应链中的库存控制非常重要。通过对供应链管理环境下的库存控制中存在的主要问题的调查与整合，可以将其综合成三方面的内容，分别是供应链管理环境下的库存控制问题、供应链中的需求变异放大和供应链中的不确定性。

由于供应链管理思想对库存的影响，供应链环境下的库存问题与传统的企业库存问题有许多不同之处。传统的企业库存管理侧重于优化单一的库存成本，从存储成本和订货成本出发确定经济订货量和订货点。从单一的库存角度看，这种库存管理方法有一定的适用性，但是从供应链整体的角度看，这一方法显然力度不够。

目前，供应链管理环境下的库存控制中存在的问题可归纳为以下几方面。

1. 供应链的系统观念不强

虽然各个供应链节点的绩效决定了供应链的整体绩效，但是各个节点企业都有各自独立的目标与使命，有些节点企业的目标和供应链的整体目标是不相关的，甚至有可能是冲突的。因此，这种各自为政的行为造成了供应链整体效率的低下。

2. 对用户需求理解不正确

通常情况下，供应链管理的绩效好坏应该由用户来衡量，或者以对用户的反应能力来衡量。但是对用户服务的理解与定义各不相同，直接导致对用户服务的水平产生差异。

3. 交货状态数据不准确

当客户下达订单时，总是希望知道其交货日期，但许多企业没有及时而准确地把推迟的订单交货的修改数据提供给用户，其结果当然是用户的不满。

4. 信息传递系统效率低

供应链节点上各个企业之间的需求预测、库存状态、生产计划等都是供应链管理的重要数据。这些数据分布在不同的供应链节点企业之间，要快速、有效地响应客户需求，必须及时传递这些数据。但是目前许多企业的信息系统并没有很好地集成起来，当供应商需要了解用户的需求信息时，常常得到的是延迟的信息和不准确的信息。由于延迟引起误差和影响库存量的精确度，短期生产计划的实施也会遇到困难。

5. 忽视库存影响的不确定性

供应链运营过程中存在许多的不确定因素，如订货的前置时间、货物的运输状况、原材料的质量、生产时间、运输时间、需求的变化等。为减少不确定性对供应链的影响，首先应了解不确定性的来源和影响程度。很多公司并没有认真研究和跟踪其不确定性的来源和影响，而错误估计供应链物流中物料的流动时间，造成物品库存增加或者物品库存不足的现象。

6. 库存控制策略简单化

对于生产企业或者物流企业等来说，库存控制的目的是保证供应链运行的连续性和应对需求的不确定性。制定相应的库存控制策略的第一步是了解和跟踪不确定性状态因素，然后再利用跟踪到的信息制定相应的控制策略。库存控制策略制定的过程是一个动态的过程，而且在库存控制策略中应该反映不确定性动态变化的特性。许多企业对所有的物资采用统一的库存控制策略，物资的分类没有反映供应与需求的不确定性。

在传统的库存控制策略中,多数是面向单一企业的,采用的信息基本上来自企业内部,库存控制策略没有体现供应链管理的思想。因此,供应链库存管理的重要内容之一是如何建立有效的库存控制方法,并能体现供应链管理思想。

7. 缺乏合作与协调

供应链是一个整体,需要协调各方活动才能取得最佳的运作效果。协调的目的是使一些符合质量要求的信息可以无缝地、流畅地在供应链中传递,从而使整个供应链能够根据用户的要求保持步调一致,形成更为合理的供需关系,从而适应复杂多变的市场环境。如果企业间缺乏协调与合作,就会导致交货期的延迟和服务水平的下降,同时,库存水平也会因此提高。在供应链库存管理中,组织障碍是库存增加的一个重要因素。不管是企业内部还是企业之间,相互的合作与协调是实现供应链无缝链接的关键。在供应链管理环境下,库存控制不再是一种运作问题,而是企业的战略性问题。要实现供应链管理的高效运行,必须加强企业间的合作,建立有效的协调机制。除此之外,随着现代产品设计与先进制造技术的出现,使产品的生产效率大幅度提高,而且具有较高的成本效益,但是供应链库存的复杂性却常常被忽视。

供应链环境下的库存管理侧重于库存成本的优化,重点在于库存量的控制,需要加强供应链上、下游企业间的合作,共同制定库存管理方法,以提高供应链管理的系统性和集成性,这样才能解决需求较大或信息传递不畅导致库存增加等供应链上的库存问题。目前,比较先进的供应链库存管理方法主要包括三种:供应商管理库存法(VMI)、联合库存管理法(JMI)和协同式库存管理法(CPFR)。

任务二 供应商管理库存 VMI 管理系统

一、供应商管理库存法的基本思路

作为一种先进的供应链运营模式，供应商管理库存（Vendor Managed Inventory，VMI）是指以供应商和客户等供应链上的合作伙伴获得最低成本为目的，在一个共同协议下由供应商管理库存，并不断监督协议的执行情况，修正协议内容，使库存管理得到持续改进的合作性策略。VMI 的目标是通过供需双方的合作，试图降低供应商的总库存，而不是将制造商的库存移动到供应商的仓库里，从而真正降低供应链上的总库存成本。

VMI 思想更多地被应用于原材料紧缺、价格变动比较大的制造业中，以及以大量的供应商为主导的零售业中。它是一种战略贸易伙伴之间的合作性策略，是一种库存决策代理模式，允许上游组织对下游组织的库存策略、订货策略进行计划与管理，在一个共同的框架协议下，以双方都获得最低成本为目标。在 VMI 模式下，由供应商来拥有和管理库存，由供应商代替分销商或批发商行使库存决策的权力，下游企业只需帮助供应商制订计划，并通过经常性地监督和修正该框架协议使库存管理得到持续地改进，最终使得下游企业实现零库存，使供应商的库存大幅度下降。该方法的关键主要体现在以下四个原则中。

（1）合作性原则。在实施该策略时，相互信任与信息透明是很重要的，供应商和用户（零售商）都要有较好的合作精神，才能够相互保持较好的合作。

（2）互惠原则。供应商管理库存法不是关于成本如何分配或谁来支付的问题，而是关于减少成本的问题。通过该策略使双方成本最小。

（3）目标一致性原则。双方都明白各自的责任，在观念上达到一致，如库存放在哪里、什么时候支付、是否需要管理费、要花费多少等问题都要回答，并且体现在框架协议中。

（4）总体优化原则。通过持续改进使供需双方能共享利益和消除浪费。

供应商管理库存策略的实施可以分以下三个步骤。

（1）建立客户需求信息系统，掌握需求变化情况。

（2）建立销售网络管理系统，保证信息流、物流畅通。其内容包括条形码的可读性和唯一性；产品分类、编码的标准化；商品在储运过程中的准确识别。

（3）建立供应商与销售商、批发商及零售商的合作框架协议，确定订单业务流程、库存控制参数、库存信息传递方式。

VMI 的主要意义是减少供应链的总库存成本和提高服务水平。VMI 策略改变了供应商的组织模式，在订货部门中产生了新的职能，负责客户的库存控制、库存补给和物流服务水平。VMI 策略适合以下情况：①制造商、供应商实力雄厚，信息技术能力强，可以通过共享信息系统，比零售商掌握更大的市场信息量；②制造商、供应商有较高的直接交货能力和服务水平，能够规划运输、配送服务；③零售商或批发商没有信息系统基础设施来进行有效的管理。

二、供应商管理库存的形式

1."制造商－零售商"VMI 模式

这种模式多出现在制造商作为供应链的上游企业的情形中，且制造商是一个比较大的产品制造者，制造商具有相当大的规模和实力，负责对零售商的供货系统进行检查和补充，完全能承担起管理 VMI 的责任。

2."供应商－制造商"VMI 模式

不同于"制造商－零售商"VMI 模式，VMI 的主导者可能还是制造商，但它是 VMI 的接受者，而不是管理者，此时的 VMI 管理者是该制造商上游的众多供应商。

3."供应商－3PL－制造商"VMI 模式

这种模式实际上是引入了一个第三方物流（3PL）企业，由其负责整个的物流和信息流的管理，统一执行和管理各个供应商的零部件库存控制指令，负责向制造商配送零部件，而供应商则根据 3PL 的出库单与制造商按时结算。

美的公司的 VMI 实施策略

任务三　联合库存管理

一、联合库存管理的基本思想

联合库存管理（Jointly Managed Inventory，JMI）是一种基于协调中心的库存管理办法，是解决供应链系统中各节点企业的相互独立库存运作模式导致的需求放大现象，是提高供应链同步化程度的有效库存控制方法。其具体表现形式是，供应链上两个或多个成员组织共同参与库存计划、控制等库存管理过程。联合库存管理是通过供应链成员间的联合协调机制提高供应链的同步化程度，以解决因供应链上各个成员企业相互独立的库存运作模式而导致需求变异或加速放大、库存增高等现象的一种有效方法。

在 JMI 模式中，库存管理成为供需连接的纽带和协调管理中心，供需双方共享需求信息，共同制订库存计划，使供应链过程中的每个库存管理者（供应商、制造商和分销商）都从相互之间的协调性考虑，使供应链相邻两个节点之间的库存管理者对需求的预期保持一致，从而消除需求变异放大现象。联合库存管理模式提高了供应链的运作稳定性，并降低了供应链的成本。联合库存管理强调双方的互利合作关系，属于战略供应商联盟的新型企业合作。

JMI 系统把供应链管理进一步集成为上游和下游两个协调管理中心，从而部分消除了供应链环节之间的不确定性和需求扭曲现象导致的供应链的库存波动。JMI 系统通过协调管理中心，使供需双方共享信息，因而起到了提高供应链运作稳定性的作用。在供应链环境下，实施联合库存管理，其实施策略如下。

（1）建立一个有效的协调管理机制。在协调管理机制中，建立供需双方共同合作目标：建立联合库存的协调控制机制，由 JMI 中心对需求、订货、供货等做出决策，并协调供需双方利益；设立一种公平的利益分配和激励机制。

（2）建立纵向信息支持系统，在 JMI 中做到信息共享。信息系统通过供应链节点企业 EDI 平台或电子商务平台来建立，将条形码技术、POS 系统和订单自动处理系统集成在信息系统中，做到信息共享。

（3）充分利用制造资源计划系统（MRP1）和配销需求计划系统（DRP）。在 JMI 中应分别在制造或资源中心采用 MRP，在产销 IM 中心采用 DRP 系统。在供应链系统中将这两种资源计划系统很好地结合起来，以提高供应链资源的集成度，加强各个环节的协调、平衡与协作关系。

（4）充分发挥第三方物流系统的作用。第三方物流系统是供应链集成的一种技术手段。它能为客户提供各种服务,如产品运输、库存水平等,在供应商和客户之间起到桥梁作用。在 JMI 中,供需双方都直接与第三方物流系统和联合库存管理中心相连,供应与需求双方都取消了各自独立的库存,增强了供应链的敏捷性和协调性。

二、联合库存管理的形式

联合库存管理的模式有很多,比较典型的有以下三种。

1. 地区分销中心联合库存管理模式

这是由大企业地区分销中心延伸出的联合库存管理模式。在这个模式中,各个销售商只需要少量的库存,大量的库存由地区分销中心(物流中心、配送中心)进行储备。

在这种模式中,各个销售商将其库存的一部分交给地区分销中心(物流中心、配送中心)负责,从而降低了安全库存及服务水平压力。地区分销中心(物流中心、配送中心)在这个模式中起到了联合库存管理的功能,既是一个商品的联合库存管理中心,又是需求信息的交流中心、传递枢纽。由于物流中心可以发挥货物集散中心、物流信息中心和物流控制中心等功能,因此行使联合库存管理的职能完全没有问题。

2. 供需联合库存管理模式

这是将制造商、销售商原先各自的独立库存转变为双方或多方联合库存的供应链库存管理模式。这种模式减少了重复库存,降低了库存安全性。这种模式需要在参与联合库存管理的成员之间建立协调机制。

3. 第三方物流联合库存管理模式

这是利用独立于供需双方之外的第三方物流提供商的基础设施、设备和管理系统进行联合库存管理的模式。这种模式不仅能起到减少重复库存、降低安全库存的作用,还能为供需双方提供第三方物流增值服务,有利于供应链上的成员企业集中核心业务能力,改善竞争力。

襄汉公司联合库存管理实施策略

任务四　多级库存优化与控制

多级库存控制策略是对供应链资源的全局性优化，是在单级库存控制的基础上形成和发展起来的。

一、多级库存控制策略的关键点

1. 明确库存优化的目标

供应链管理的目标体现在提高客户服务能力和降低成本这两个方面，库存优化的目标也围绕这两个方面开展，即优化时间或成本。传统库存控制考虑的主要是成本，但随着服务水平的提升，时间的优化也应作为库存优化的目标。

2. 明确库存优化的边界

要明确所优化的库存范围。供应链既有全局供应链，包括供应商、制造商、分销商及零售商，也有局部供应链，分上、下游供应链。传统的多级库存优化模型主要是指下游供应链，即关于生产商、分销商、零售商的三级库存优化。上游供应链主要是关于供应商的选择。

3. 明确库存控制策略

多级库存控制仍然可以用单库存点的控制策略，但多级库存控制大多是基于无限能力假设的单一产品的多级库存。

二、多级库存优化方式

1. 基于成本优化的多级库存控制策略

供应链中的库存成本由持有成本、交易成本和缺货损失3部分组成。

（1）持有成本。持有成本是为保持库存而产生的成本。在传统供应链中，各个节点的企业为降低风险、保持供应的连续性都持有一定的库存。这些库存产生的成本包括固定成本和变动成本两部分。固定成本与存货数量无关，如仓库折旧、仓库工作人员的工资等。变动成本与存货数量有关，如库存占用资金的利息、破损和变质损失、安全费用等。

（2）交易成本。供应链库存成本中的交易成本是指供应链上企业之间因交易合作所产生的各种费用，如订货所产生的采购人员的外出差旅费、各种手续与通信费等费用，企业之间因谈判协商所产生的谈判要价等费用。

（3）缺货损失成本。缺货损失是指供货不能及时满足用户需求而产生的费用。例如，停工待料损失、失去销售机会损失、未能履行合同的罚款等。基于成本优化的多级库存控制的目的是优化供应链的总库存成本，使其达到最优。基于成本优化的多级库存控制策略有两种：一种是非中心多级库存控制策略；另一种是中心多级库存控制策略。

非中心多级库存控制是把供应链的库存控制分为3个成本中心，即制造商成本中心、分销商成本中心和零售商成本中心，各成本中心根据自己的库存成本优化做出控制策略。中心多级库存控制是将控制中心放在核心企业上，由核心企业对供应链系统的库存进行控制，协调上游与下游企业的库存活动。

2. 基于时间优化的多级库存控制策略

在供应链环境下，基于成本优化的多级库存控制是传统的做法，多级库存控制还需考虑到时间优化因素。例如，库存周转率优化、供应提前期优化、平均上市时间优化等。基于时间优化的多级库存控制侧重于从提高供应链反应速度来提高供应链库存控制水平。例如，随着提前期的增加，库存量更大而且波动也更大，缩短提前期，则不仅有利于维持低库存，而且有利于库存控制。

基于时间优化的多级库存控制需要确定供应链上的库存时间结构。供应链运行过程中的库存总时间应该包括供应商、制造商和分销商等每一级的搬运入库时间、保管存放时间、分拣配货时间、搬运出库时间以及缺货、退货、补救时间等。供应商库存主要是原材料的库存，制造商库存是原材料、半成品、产成品的库存，分销商库存则是产成品的库存。

项目小结

传统的企业库存管理侧重于优化单一的库存成本，从存储成本和订货成本出发确定经济订货量和订货点。从单一的库存角度看，这种库存管理方法有一定的适用性，但是从供应链整体的角度看，这一方法显然力度不够。

供应链环境下的库存管理侧重于库存成本的优化，重点在于库存量的控制，需要加强供应链上、下游企业间的合作，共同制定库存管理方法，以提高供应链管理的系统性和集成性，这样才能解决需求较大或信息传递不畅导致库存增加等供应链上的库存问题。目前，比较先进的供应链库存管理方法主要包括三种：供应商管理库存法、联合库存管理法和多级库存优化与控制。

供应商管理库存（VMI）是指以供应商和客户等供应链上的合作伙伴获得最低成本为目的，在一个共同协议下由供应商管理库存，并不断监督协议的执行情况，修正协议内容，使库存管理得到持续改进的合作性策略。VMI的目标是通过供需双方的合作，试图降低供应商的总库存，而不是将制造商的库存移动到供应商的仓库里，从而真正降低供应链上的总库存成本。VMI思想更多地被应用于原材料紧缺、价格变动比较大的制造业中,以及以大量的供应商为主导的零售业中。

联合库存管理(JMI)是一种基于协调中心的库存管理办法,是解决供应链系统中各节点企业的相互独立库存运作模式导致的需求放大现象,是提高供应链同步化程度的有效的库存控制方法。其具体表现形式是,供应链上两个或多个成员组织共同参与库存计划、控制等库存管理过程。联合库存管理是通过供应链成员间的联合协调机制提高供应链的同步化程度,以解决因供应链上各个成员企业相互独立的库存运作模式而导致需求变异或加速放大、库存增高等现象的一种有效方法。

习题与实训

1. 简述供应链管理环境下存在哪些库存问题。
2. 现有哪些比较先进的供应链库存管理方法?
3. 各供应链库存管理方法有何不同?
4. 结合自身企业实际情况,谈谈如何改进企业库存管理。

项目七　仓库安全管理

> **学习目标**

1. 知识掌握与应用：理解并应用仓库安全管理的基本原则、法规标准，以及安全操作规程，提升安全管理能力。

2. 安全意识与技能提升：增强安全意识，学会进行仓库安全检查、隐患排查和应急处理，确保人员安全和财产安全。

3. 实践能力培养：通过案例分析、习题实训和应急演练，提升实际操作技能，为乡村经营主体提供全面的仓库安全管理解决方案。

引导案例　联华超市股份有限公司信息化进程

任务一　仓库安全管理基础知识

一、仓库安全管理的基本原则

在现代物流与供应链管理中，仓库安全管理扮演着至关重要的角色。它是确保物资安全存储、防止损失和损坏的核心，同时也是保障生产流程顺畅、提高供应链效率的基石。有效的仓库安全管理不仅能降低成本，减少风险，还能提升客户满意度。通过实施严格的安全措施，如防火、防盗、防潮防霉、防虫防鼠等，可以确保仓库内物资的安全性和完整性。同时，合理的入库、储存和出库管理流程，结合现代化的物流技术，如自动化存储系统、RFID 追踪等，能够极大提升物流效率，减少人为错误。因此，仓库安全管理不仅是保存物资的必要手段，也是推动现代物流和供应链管理水平提升的关键环节。

在仓库管理中，仓库的安全管理是一项至关重要的任务。以下是对仓库安全管理的 4 个关键方面的详细探讨，包括防火安全、防盗安全、防潮防霉以及防虫防鼠，以保障仓库内物资的安全和供应链的稳定运行。

1. 防火安全

防火安全是仓库管理中最为基本且至关重要的环节。仓库作为物资密集型场所，一旦发生火灾，不仅会造成巨大的经济损失，还可能会引发人员伤亡和环境污染。因此，合理的防火措施是确保仓库安全的首要条件。

（1）设施设备配置。即便是在规模较小的仓库，也应配备符合标准的消防器材，如灭火器、消防栓等。例如，一些仓库在扩建或翻新时，会特别加强消防系统的建设，包括安装自动喷水灭火系统，以应对可能发生的火灾。

（2）消防通道规划。仓库内部应设有明确且宽敞的消防通道，以便在火灾发生时能够迅速疏散人员和物资。在一些仓库改造项目中，消防通道的设计被特别重视，确保通道的宽度足以容纳消防车辆。

（3）火源管理。严格控制仓库内的火源，禁止在仓库内吸烟、使用明火等行为。例如，一些仓库因火源管理不当而发生小范围火灾，事后通过加强火源管理，有效预防了类似事件的再次发生。

2. 防盗安全

仓库盗窃不仅会造成直接的经济损失，还可能对供应链的连续性造成严重影响。因此，防盗安全是仓库管理的核心环节。

（1）视频监控。安装高清摄像头，确保仓库的各个角落都能得到无死角的监控。在一些仓库中，因监控覆盖不足而导致盗窃事件，后来通过增加监控设备，显著减少了盗窃行为。

（2）出入口管理。实行严格的出入口管理制度，通过门禁系统控制人员流动。例如，一些重要仓库安装 RFID 卡或生物识别系统，确保只有授权人员才能进入。

3. 防潮防霉

仓库中的物资受潮或发霉不仅会影响产品质量，还可能引发安全事故。因此，防潮防霉是仓库安全管理的重要方面。

（1）仓储环境控制。保持仓库内通风干燥，使用除湿设备来降低湿度。在一些仓库中，由于地理位置偏僻，自然环境潮湿，因此安装了除湿机和通风设备，有效降低了仓库内的湿度。

（2）物资包装。对易受潮的物资进行特殊包装，如使用防潮包装材料。例如，在储存粮食等易受潮物资时，一些仓库会对包装袋进行密封处理，以减少粮食受潮的风险。

4. 防虫防鼠

虫害和鼠害对仓库物资的破坏性极大，因此防虫防鼠是仓库安全管理不可忽视的一环。

（1）定期检查。定期对仓库进行巡查，及时发现虫鼠滋生迹象，并采取措施处理。在一些仓库中，尤其在夏季虫鼠活跃期，加强了巡查和清理工作，以防止虫鼠对物资的破坏。

（2）使用灭虫鼠产品。合理使用灭虫鼠药品和设备，如设置鼠夹、粘鼠板等。在一些仓库周围，设置了鼠夹等设备，有效控制了鼠害。

仓库安全管理是一个多维度的复杂过程，涉及多个方面的细致管理。通过实施有效的防火、防盗、防潮防霉以及防虫防鼠等措施，可以大大降低仓库内发生安全事故的风险，确保物资安全，保障供应链的稳定运行。

二、仓库安全管理的关键环节

在仓库的管理实践中，入库管理、储存管理和出库管理是三个相互关联的核心环节，它们共同构成了仓库管理的基石。以下是对这三个环节的详细阐述，旨在提升仓库的管理效率和物资安全。

1. 入库管理

入库管理是仓库管理的基础，它直接关系到仓库内物资的质量和后续流转效率。

（1）严格验收。在物资入库的第一步，必须进行严格的质量检验。这包括对物资的外观、尺寸、重量、包装等进行全面检查，确保每一批物资都符合质量标准。例如，仓库在入库时，会设立专门的验收小组，对每批物资进行详细的记录和比对，确保物资的合格率达到98%以上。

（2）分类码放。根据物资的特性和储存要求，进行合理的分类和码放。这不仅有助于提高仓储空间的利用率，也便于后续的物资管理和快速取用。仓库会根据物资的材质、用途、体积等因素，设置不同的储存区域，如将易燃易爆物品与普通物品分开存放。

2. 储存管理

储存管理是仓库管理的核心，它关系到物资的安全和完整性，以及仓库空间的合理利用。

（1）定期盘点。为了确保库存的准确性和物资的实时可用性，仓库应定期进行盘点。这通常包括每月或每季度的全面盘点，以及日常的抽样盘点。仓库每月底都会进行一次全面的库存盘点，及时发现并解决账目不符、物资损耗等问题。

（2）库存控制。根据物资的实际需求和市场动态，合理控制库存水平。这需要仓库管理者与供应链的其他环节紧密合作，如生产部门、销售部门等，共同制定库存策略。仓库通过与供应商的合作，实现了按需进货，有效降低了库存成本，同时也减少了物资积压的风险。

3. 出库管理

出库管理是仓库管理的最后环节，它直接影响到供应链的效率和客户满意度。

（1）出库凭证。在物资出库时，必须严格按照出库凭证进行操作。这包括审核出库单据的准确性、确认物资的品种、数量和规格是否符合要求。仓库在出库时会进行二次确认，确保凭证信息与实际物资一致，从而避免错误发放。

（2）运输安全。物资出库后，运输安全成为关键。仓库在选择运输公司时，会优先考虑其安全记录和信誉。同时，会对运输过程中的包装、搬运、装载等进行严格指导，确保物资在运输过程中不受损坏或丢失。

三、仓库安全管理制度

建立健全的仓库安全管理制度是保障仓库安全运营的关键。这包括明确各级人员的安全责任，从仓储经理到普通员工的职责分工；定期进行安全培训和教育，提升员工的安全意识和技能；实施日常和专项安全检查，及时发现并处理隐患；以及建立事故处理和应急响应机制，确保事故发生时能迅速有效应对。通过这些措施，无论是城市还是乡村的仓库，都能有效预防事故，确保物资和人员的安全。

1. 安全责任制

明确各级人员的安全责任是确保仓库安全的首要任务。从仓储经理到普通员工，每个人都应清楚自己的安全职责。

（1）仓储经理负责整个仓库的安全管理工作，包括制定安全政策、确保安全制度的有效执行，以及监督日常安全操作的合规性。

（2）安全管理员负责日常的安全巡查、隐患排查和事故处理。他们需要具备专业的安全知识和应急处理能力。

（3）普通员工应遵守安全操作规程，接受安全培训，并在日常工作中保持警惕，及时报告安全隐患。

2. 安全培训与教育

定期对员工进行安全培训和教育，是提高员工安全意识和自我保护能力的重要手段。

（1）新员工培训。所有新入职的员工在正式上岗前必须接受全面的安全培训，包括仓库操作流程、安全规程、应急响应措施等内容。

（2）定期考核。为了确保员工对安全知识的掌握程度，应定期进行考核，对员工的安全知识和技能进行评估。

3. 安全检查与隐患排查

定期进行安全检查和隐患排查是预防事故和确保仓库安全运行的关键。

（1）日常检查。安全管理员应每日对仓库进行巡查，检查消防设施、电气系统、储存物资的状态等，及时发现安全隐患。

（2）专项检查。根据季节变化或特定的安全风险，进行专项安全检查，如冬季的防冻、夏季的防暑等。

4. 事故处理与应急响应

建立事故处理机制，确保在发生事故时能够迅速、有效地进行应对。

（1）事故报告。一旦发生事故，应立即向仓储经理报告，并启动应急预案。报告应包括事故的时间、地点、原因和影响。

（2）事故调查。对事故原因进行调查，分析事故发生的原因，制定预防措施，防止类似事故再次发生。

通过以上对仓库安全管理的基本原则、关键环节和制度的详细阐述，可以看到，仓库安全管理是一个系统性的工程，它需要从多个层面进行考虑和实施。首先，安全责任制的确立确保了每个员工都对自己的安全职责有清晰的认识，从而形成了从上至下的安全文化。其次，安全培训与教育的持续进行，不仅提高了员工的安全意识，也增强了他们在面对危险时的应对能力。再次，安全检查与隐患排查的定期执行，有助于及时发现和解决潜在的安全风险，防止事故的发生。最后，事故处理与应急响应机制的建立，能够在事故发生时迅速行动，最大限度地减少损失。

仓库的安全管理是确保物资安全、保护员工生命财产安全的重要保障。只有通过全面、细致的安全管理，才能确保仓库的长期稳定运行，为企业的健康发展提供坚实的基础。

任务二　仓库安全管理实施要点

随着我国乡村经济的蓬勃发展和农村市场的日益活跃，乡村经济发展中，仓库作为物资储存和流转的关键节点，其安全管理的重要性不言而喻。为了确保仓库的安全运营，防止事故的发生，以下是针对仓库安全管理的实施细节。

一、仓库安全设施的配置

1. 消防设施建设

仓库的消防设施建设是保障仓库安全的第一道防线。仓库中应当配备多种类型的灭火器，如干粉灭火器、二氧化碳灭火器和泡沫灭火器等，以满足不同火灾类型的应对需求。此外，消防栓、消防水池和灭火器材箱等设施也应合理布局，确保在火灾发生时能够迅速取用。

由于乡村地区的火灾风险可能更高，因此还应考虑以下措施。

（1）定期检查消防设施的完好性，确保其处于待命状态。

（2）安装火灾自动报警系统，及时发现火情并启动自动喷水灭火系统。

（3）对仓库内的电气线路进行定期检查和维护，防止因电气故障引发的火灾。

2. 防盗报警系统

在仓库的安全管理中，防盗报警系统的部署是至关重要的。随着乡村经济的活跃，仓库中的物资价值不断提升，盗窃风险也随之增加。为了有效预防和打击盗窃行为，安装一套完善的防盗报警系统成为必要之举。

该系统的核心组成部分包括门禁系统和监控摄像头。首先，门禁系统被设置在仓库的入口处，作为第一道防线，它能够严格控制人员的进出。通过使用刷卡、密码或者生物识别等高科技手段，门禁系统能够确保只有授权人员才能进入仓库，从而有效阻止未授权人员的非法侵入。其次，监控摄像头则是构成多层次安全防护网络的关键。这些摄像头被安置在仓库的各个关键区域，包括出入口、存储区、通道等，以及仓库的外围环境。高清晰度的摄像头能够提供全天候的 24 小时监控，无论白天还是夜晚，都能清晰捕捉到任何异常活动。此外，监控系统的录像应定期备份，以便在必要时能够提供有效的证据。

通过这些措施，仓库的防盗报警系统不仅能够提高对盗窃的预防能力，还能够为可能的调查提供强有力的技术支持，确保仓库内的物资安全，为乡村经济的发展保驾护航。

3. 防潮防霉设备

在仓库的管理中，由于自然环境和地理位置的影响，仓库内部湿度控制成为一项不容忽视的重要任务。潮湿的气候条件容易导致存储物资受潮发霉，这不仅会影响物资的质量，还可能引发一系列的安全隐患。因此，配备适当的防潮防霉设备是保障仓库物资安全的关键。

首先，除湿机是必不可少的设备。除湿机通过物理吸附或冷凝的方式，将空气中的水分去除，降低仓库内的湿度。为了确保除湿效果，除湿机应定期运行，并根据仓库的具体情况调整运行时间。仓库管理人员需要根据气象条件和仓库内湿度监测数据，合理设置除湿机的运行模式，以保持仓库内的湿度在理想的范围内，通常是在45%～65%。其次，通风系统的设计对于保持仓库干燥至关重要。合理的通风系统能够有效地促进空气流通，将湿气排出仓库。仓库的通风口应设置在较低的位置，以利用热空气上升的原理，促进室内外空气的交换。同时，应避免直接将外部湿气引入仓库，可以通过安装风幕或调节风向来实现。再次，防霉剂的定期施用也是防潮防霉的重要环节。防霉剂能够抑制霉菌的生长，保护存储物资不受霉菌侵害。仓库管理人员应根据物资的性质和仓库的实际情况，选择合适的防霉剂，并按照产品说明定期使用。在高温高湿的季节，可能需要增加使用频率，以确保物资的安全。

为了全面提升防潮防霉的效果，以下是一些额外的措施。

①湿度监测：安装湿度计，实时监测仓库内的湿度变化，及时发现并处理湿度异常情况。

②物资包装：对易受潮的物资采用防潮包装，如使用塑料薄膜、干燥剂等，作为物理屏障。

③定期清洁：保持仓库内部的清洁，定期清理仓库，防止尘埃和霉菌的滋生。

通过这些综合措施，仓库能够有效地控制湿度，防止物资受潮发霉，从而保障物资的质量和仓库的安全运营。

二、仓库安全操作的规范

为保障仓库安全和物资质量，我们制定了全面的操作规程，涵盖物资存放、搬运、盘点和出库等环节，并定期审查更新以适应变化。员工须佩戴安全帽、防护手套等个人防护装备，并接受定期检查与更换。应急撤离路线和集合点标识清晰，并定期组织逃生演练，以确保在紧急情况下员工能迅速有序撤离。同时，通过安全培训和案例分析提升员工的安全意识，共同维护仓库的安全和高效运营。

1. 物资存放

为确保仓库安全与高效管理，需对物资进行区域划分，依据种类、性质及储存要求设置专用区域，并辅以清晰标识。货架摆放需考虑物资体积和重量，合理布局以保障稳定，并定期检查。标签标识须完整并及时更新，提供准确信息。此外，控制储存环境的温度、湿度和光照，防止物资因环境因素受损，是维护物资质量的关键。

（1）区域划分。为了确保物资的安全和便于管理，仓库需要进行区域划分。根据物资的种类、性质和储存要求分类，如易燃易爆品、食品、化学品、电子产品等，进行分类；为不同类别的物资设立专门的存储区域，确保各类物资不相互污染或引起安全隐患；在每个存储区域设置清晰的标识，使员工能够快速识别物资类型和存储要求。

（2）货架摆放。货架的合理摆放是保证物资存放有序性和稳定性的关键。货架的尺寸应根据物资的体积进行选择，确保物资有足够的空间存放；根据物资的重量，将重物放置在货架的下层，轻物放置在上层，避免下层货架承受过大的压力；定期检查货架的稳定性，确保货架在存放重物时不会倾斜或倒塌。

（3）标签标识。标签标识是物资存放管理的重要组成部分。每个货架和存储区域应贴上标签，标明物资的名称、规格、数量、存储有效期和注意事项；当物资入库或出库时，及时更新标签上的信息，确保信息的准确性。

（4）储存环境。储存环境的控制对于保护物资质量至关重要。对于需要特定温度环境的物资，如药品、食品等，应使用恒温设备进行控制；使用除湿机或加湿器，保持仓库的湿度在适宜范围内，防止物资受潮或干燥；避免直射日光长时间照射物资，以防物资因光照而变质或损坏。

2. 物资搬运

在仓库作业中，物资搬运是关键环节，选择合适的搬运工具如叉车、手推车和搬运车可提升效率。员工须接受专业培训，掌握重心控制和稳定步伐的搬运技巧。安全操作包括保持通道畅通和设置警示标识，以防止碰撞和拥堵，确保搬运过程的安全。

（1）搬运工具。选择合适的搬运工具可以提高作业效率并降低劳动强度。叉车适用于搬运大型、重型物资；手推车适用于搬运中型物资，适合在有限空间内作业；搬运车适用于搬运轻量或小型物资。

（2）搬运技巧。员工需要接受专业的搬运技巧培训。在搬运过程中，注意控制物资的重心，避免因重心不稳导致物资滑落或倾倒；搬运时步伐要稳定，避免急躁或走动过快。

（3）安全操作。安全操作是搬运过程中必须遵守的原则。确保搬运通道畅通无阻，避免碰撞和拥堵；在通道转弯或狭窄处设置警示标识，提醒员工注意安全。

3. 物资盘点

物资盘点是仓库管理的关键，频率依物资重要性而定，高频物资每月盘点，低频物资每季度或每年盘点，利用条形码扫描和RFID技术提高盘点效率，发现数量差异时，需记录原因和责任人，并采取纠错措施。

（1）盘点频率。盘点频率应根据物资的重要性来决定。高频物资如常用耗材，每月盘点；低频物资如大型设备或长期储存的物资，每季度或每年盘点。

（2）盘点方法。采用先进的盘点技术可以提高盘点效率和准确性。通过扫描条形码快速读取物资信息；使用 RFID 标签，实现非接触式盘点。

（3）差异处理。对于盘点中发现的数量差异，应立即进行调查和处理。详细记录差异原因和责任人；采取相应的纠错措施，如补货、退货或调整库存记录。

4. 物资出库

（1）订单处理。严格按照订单要求进行出库，确保准确无误。仔细核对订单上的物资信息，包括名称、规格、数量等；出库前让客户签字确认，确保无误。

（2）包装检查。出库前检查物资的包装是否完好，防止在运输过程中受损。遵循包装标准，使用合适的包装材料；检查包装是否牢固，标签是否清晰。

（3）运输安排。根据订单要求，安排合适的运输方式和运输工具。选择最合适的运输方式，如公路、铁路、航空等；根据运输距离和物资特性选择合适的运输工具。

5. 操作规程的审查和更新

（1）定期审查。每年至少对操作规程进行一次审查，以适应新技术和物资的变化。审查操作规程的适用性、有效性以及是否符合最新的安全标准和法规；成立由管理层、仓库管理人员和技术人员组成的小组进行审查。

（2）更新记录。对每次审查和更新的内容进行详细记录，以便追溯。更新日志，记录每次更新的时间、内容、原因和责任人；将更新记录存档保管，以备后续查询。

6. 新员工培训

新员工培训涵盖操作规程、安全知识和实际操作，确保员工熟悉仓库作业。培训后，通过理论及实操考核检验技能，依据考核结果提供反馈并实施改进措施，确保培训效果。

（1）培训内容。操作规程：详细讲解仓库的操作规程，包括物资存放、搬运、盘点和出库等。安全知识：教授员工必要的安全知识和操作技能，如使用个人防护装备、应急处理等。实际操作：通过实际操作练习，使员工熟练掌握仓库作业的各项技能。

（2）考核机制。培训结束后，对新员工进行考核，确保其熟练掌握操作规程。测试员工对仓库管理知识的掌握程度；观察员工在实际操作中的表现，评估其技能熟练度；根据考核结果，给予员工反馈，并制定改进措施。

仓库管理涉及物资存放、搬运、盘点和出库等核心环节。存放时，物资需按种类、性质和储存要求划分区域，并清晰标识。货架布局应考虑体积和重量，确保稳定性。标签标识须完整，环境控制防止物资受损。搬运使用专用工具，员工接受培训以确保安全和效率。盘点采用条形码和 RFID 技术，处理差异时记录原因并纠错。出库严格按订单执行，检查包装，选择合适运输方式。操作规程每年审查，确保适用性和合规性。新员工经培训考核，反馈改进，保证培训成效。

三、仓库安全培训和教育

仓库安全培训与教育的重要性。在现代物流和仓储行业，仓库安全培训与教育是保障员工安全、预防事故发生、维护仓库运营稳定性的关键环节。特别是在部分乡村仓库这样的特定环境中，安全培训的开展显得尤为重要。

1. 定期开展安全培训

定期安全培训是提高员工安全意识、技能和知识的重要途径。通过培训，员工能够了解最新的安全法规、标准和操作技术，从而在日常工作中学以致用，减少事故的发生。

培训内容至少包括以下四方面，还可以根据需要增加其他内容。

（1）消防安全培训。包括火灾预防、火灾逃生、灭火器的使用、火灾报警系统的操作等。培训内容应涵盖农村仓库常见的火灾类型和火灾风险。

（2）防盗知识培训。介绍仓库防盗的基本原则、常见盗窃手段的防范措施以及报警系统的使用方法。

（3）个人防护技能培训。教授员工如何正确使用个人防护装备，如安全帽、防护眼镜、防尘口罩等，以及如何在工作中避免受到伤害。

（4）紧急情况处理培训：伤口处理、烫伤和化学灼伤的急救措施等。

培训实施可从以下三方面进行。

（1）邀请专业讲师进行授课，确保培训内容的准确性和实用性。

（2）培训材料应包括最新的安全法规、案例分析和互动环节，以提高员工的参与度和学习效果。

（3）培训结束后，进行书面或口头考核，以评估员工对培训内容的掌握程度。

培训效果评估从以下两方面进行。

（1）通过考核结果，评估员工对安全知识的理解和应用能力。

（2）收集员工反馈，了解培训内容的实用性和培训方式的有效性。

2. 培训与教育的持续改进

对培训效果进行持续跟踪，确保员工的安全意识和技能得到巩固，根据新法规、新技术的更新，及时调整培训内容。培训资源的更新，定期更新培训材料和设备，确保培训资源的先进性和有效性；引入新技术、新方法，提高培训的互动性和趣味性。加强培训文化的建设，营造重视安全的组织文化，鼓励员工积极参与安全培训，树立安全榜样，奖励在安全工作中表现突出的员工。

通过以上措施，仓库可以建立起一套全面的安全培训与教育体系，有效提升员工的安全意识和技能，为仓库的长期稳定运行提供坚实保障。

四、安全文化建设

加强安全文化建设，让员工意识到安全是每个人的责任，形成良好的安全工作氛围。通过宣传栏、海报等形式，普及安全知识，鼓励员工提出安全建议，并对合理建议给予奖励。随着科技的进步，应不断更新仓库安全设备和技术，提高仓库的安全水平，引入智能化管理系统，提高仓库管理的效率和安全性，使用物联网技术，实时监控仓库内外的安全状况。与当地社区建立合作关系，共同维护仓库安全，特别是针对可能存在的自然灾害等风险，定期与社区组织安全会议，共享安全信息，参与社区的安全培训和演练活动。遵守相关法律法规，确保仓库安全管理符合国家和地方的法律法规要求，如《中华人民共和国消防法》《中华人民共和国安全生产法》等，定期进行法律法规的培训，提高员工的法律意识，建立法律法规的合规检查机制，确保安全管理的合法性和有效性。

任务三　仓库安全检查与应急处理

一、仓库安全检查的内容和方法

仓库安全是仓储管理的关键，涉及定期和不定期的安全检查，包括建筑结构、消防设施、电气系统及物资储存条件的审查。检查记录的建立和定期回顾对于识别和改进安全隐患至关重要。应急处理流程涵盖了火灾、盗窃及其他突发事件的应对措施，如火灾报警、人员疏散和紧急救援。此外，仓库应备有必要的应急物资，如消防器材和个人防护装备，并确保其有效性和易取性。通过这些措施，可以有效提升仓库的安全性，保障员工和物资的安全。

（一）定期检查

1. 建筑结构安全

定期检查仓库的建筑结构是保障仓库安全的基础。检查应包括以下几点：检查墙体、屋顶和地面是否存在裂缝、空洞或倾斜现象；评估建筑物的承重能力，确保能够承受储存物资的重量；检查门窗的密封性，防止因风雨导致的结构损害；评估建筑物的抗震性能，确保在地震等自然灾害发生时能够保持稳定。

2. 消防设施

消防设施是预防和应对火灾的关键。检查消防器材，如灭火器、消防栓等，确保其有效期和可用性；检查消防通道是否畅通，无障碍物阻挡；测试消防报警系统的运行状态，确保在火灾发生时能够及时报警；定期检查烟雾探测器和火灾报警器，确保其灵敏度。

3. 电气系统

电气系统的安全性对于防止火灾和电击至关重要。检查电气线路、插座和开关，查找老化、破损或接触不良的部件；确保电气设备安装符合安全规范，无违反安全规程的接线；检查电气设备是否有过载现象，避免因电流过大导致设备损坏；定期进行电气设备绝缘测试，确保电气安全。

4. 通风和照明

良好的通风和照明是保证仓库安全作业的必要条件。检查通风系统是否有效，确保空气流通，无有害气体积聚；检查照明系统是否充足，确保仓库内光线充足，无暗角；确保所有照明设备都符合安全标准，无安全隐患。

5. 物资储存条件

物资的正确储存对于防止损坏和事故同样重要。检查物资是否按照规定的储存条件存放，如温度、湿度、光照等；确保储存区域无积水，防止因潮湿导致的物资损坏检查；货架稳定性，防止因货物摆放不当导致的倒塌事故。

（二）不定期抽查

1. 物资存放

不定期抽查物资存放的目的是确保物资的有序性和安全性。检查物资是否按照分类存放，是否易于识别和管理；检查标签是否清晰，是否与实际物资相符；检查物资摆放是否整齐，是否有跌落或滚动的风险。

2. 个人防护装备

员工的安全是仓库安全的重要组成部分。检查员工是否正确佩戴个人防护装备，如安全帽、防护眼镜、耳塞等；确保个人防护装备的完好性，无破损或磨损。

3. 安全警示标识

安全警示标识有助于提醒员工注意潜在的安全风险。检查仓库内是否有必要的安全警示标识，如"注意滑倒""禁止吸烟"等；确保标识清晰可见，位置合理。

（三）检查记录

1. 建立检查记录簿

检查记录簿是记录安全检查结果的工具。应包括以下信息：检查日期、时间、地点、检查人员姓名和职务、检查内容和发现的问题、整改措施及负责人。

2. 定期回顾检查记录

定期回顾检查记录有助于分析和识别安全风险的趋势。分析检查记录，识别常见问题和潜在的安全风险；评估已实施的整改措施的效果；制定改进计划，预防未来事故的发生。

通过以上详细的仓库安全检查内容，可以在一定程度上保证仓库的安全运营，减少安全事故的发生，保护员工和企业的利益。

二、应急处理流程

仓库应急处理预案旨在应对火灾、盗窃和其他突发情况，确保人员安全和财产损失最小化。预案包括火灾报警、人员疏散、灭火操作和紧急救援，以及盗窃报警、现场封锁和监控录像调取。对于自然灾害、化学品泄漏和电力故障，预案要求迅速关闭泄漏源、疏散人员、启动备用电源，并报告相关部门。通过定期演练和更新预案，员工能熟练应对紧急情况，降低风险，保障仓库安全运营。

（一）火灾应急处理

1. 火灾报警

火灾是仓库中最常见的紧急情况之一。火灾报警应遵循以下步骤：①火灾报警：

一旦发现火灾，工作人员应立即按下火警按钮，启动报警系统。②报警确认：确认火警后，立即拨打外部消防电话，报告火灾情况，包括火灾位置、火势大小和是否有人员受伤。③启动应急广播：通过应急广播系统通知所有人员火灾情况，并指导他们如何疏散。

2. 人员疏散

（1）疏散指示。消防广播启动后，工作人员应按照预先制定的疏散计划，指示人员有序地向安全地带疏散。

（2）紧急出口。确保所有人员知道最近的紧急出口位置，并在疏散过程中使用。

（3）集合点。指定一个集合点，所有人员应在疏散后立即到该地点集合。

3. 灭火操作

（1）使用灭火器。在安全的情况下，使用灭火器或消防栓进行初期灭火。

（2）火源识别。注意火源的性质，选择适当的灭火器类型，避免误操作。

4. 紧急救援

（1）急救培训。确保所有员工都接受过急救培训，能够在紧急情况下进行初步的急救。

（2）受伤人员处理。对受伤人员进行急救，如止血、心肺复苏等，并等待专业救援人员的到来。

（二）盗窃应急处理

1. 报警

（1）报警。一旦发现盗窃行为，立即拨打报警电话，向警方报告。

（2）现场保护。保护现场，避免盗窃者逃离或销毁证据。

2. 监控录像

（1）录像调取。迅速调取监控录像，记录盗窃现场情况，为警方调查提供证据。

（2）录像保护。确保监控录像在调查期间得到妥善保护，防止被篡改或损坏。

（三）其他突发事件的应急处理

1. 自然灾害

（1）应急疏散。如遇地震、洪水等自然灾害，按照应急疏散计划迅速行动，确保人员安全。

（2）灾害评估。在灾害发生后，对仓库设施和物资进行评估，确定损失情况。

2. 化学品泄漏

（1）泄漏处理。立即关闭泄漏源，疏散人员，使用专业的防护装备进行泄漏处理。

（2）通风控制。打开通风系统，确保室内空气流通，减少有害气体的浓度。

3. 电力故障

（1）报告电力部门。立即报告电力部门，寻求紧急修复。

（2）备用电源。启动备用电源，确保仓库内关键设备的正常运行。

仓库应急处理预案的制定和实施对于保障仓库安全至关重要。通过明确的步骤和培训，员工能够在紧急情况下迅速采取行动，最大程度地减少人员伤亡和财产损失。定期演练和更新预案也是确保预案有效性的关键。仓库管理者应不断评估和改进应急处理程序，以适应不断变化的威胁和环境。

三、应急物资的准备

在仓库应急管理工作中，确保应急物资的有效准备和及时更新至关重要。这包括定期检查物资的保质期，确保其储存位置的适当性和安全性，以及组织员工进行必要的培训和演练。通过这些措施，仓库能够确保在紧急情况下能够迅速响应，最大程度地减少人员伤亡和财产损失。此外，还需定期更新物资清单，确保信息的准确性和实时性，以支持高效的应急管理。

（一）必备应急物资

1. 消防器材

（1）灭火器。作为最常见的消防器材，应确保每种类型的灭火器都存放在显眼且易于取用的位置。不同类型的灭火器对应不同的火灾类别，如水基灭火器适用于一般火灾，干粉灭火器适用于油类和电气火灾。

（2）消防栓。消防栓是应对大型火灾的重要工具，应确保其供水充足，并且消防栓箱完好无损，便于在紧急情况下快速使用。

（3）消防毯。消防毯可以覆盖小型火灾，隔绝氧气，帮助控制火势。

2. 个人防护装备

（1）防毒面具。在可能接触有毒气体的环境中，防毒面具是必要的个人防护装备，能够防止吸入有害气体。

（2）防护手套。在处理化学品或进行可能造成手部伤害的作业时，防护手套是基本的安全装备。

（3）防护服。适用于化学品的泄漏或火灾现场，防护服能够保护身体免受热气和有害物质的伤害。

3. 急救用品

（1）纱布。用于止血和包扎伤口。

（2）消毒水。用于清洁伤口，防止感染。

(3)急救包。包含各种急救用品，如创可贴、绷带、酒精棉球等。

(4)绷带。用于固定伤口或支撑受伤部位。

(二)应急物资的储存

1. 储存位置

应急物资应存放在仓库内易于取用的地方，同时要确保储存区域的安全性，避免受到外部环境的影响。应急物资的存放区域应保持干燥、清洁，避免潮湿和阳光直射，以防物资损坏。

2. 员工培训

所有员工都应了解应急物资的存放位置，以及如何在紧急情况下正确使用这些物资。定期进行应急物资使用方法的培训，确保员工在紧急情况下能够迅速、有效地采取行动。

(三)应急物资的更新

定期检查，定期检查应急物资的保质期，对于过期或接近过期的物资，应及时更换，定期检查物资的损坏情况，如灭火器压力是否正常、防护装备是否完好等。调整物资，根据仓库的实际情况和工作环境的变化，调整应急物资的种类和数量。在进行重大改造或引入新的化学品时，应增加相应的应急物资。

(四)应急物资的管理

制定详细的应急物资清单，记录每种物资的名称、数量、存放位置和过期日期，定期更新清单，确保信息的准确性。对应急物资进行定期维护，确保其处于良好的工作状态，维护记录应妥善保存，以便在必要时查阅。

通过上述措施，仓库能够确保在紧急情况下迅速响应，有效减少人员伤亡和财产损失，保障仓库运营的安全和稳定。

项目小结

仓库安全管理在现代物流与供应链管理中占据着核心地位，它不仅关乎物资的安全存储和防止损失，也是保障生产流程顺畅和提升供应链效率的基石。仓库安全管理提供了一个全面且结构化的学习框架，从基础知识到实际操作，再到应急处理，为乡村经营主体构建了一个完整的仓库安全管理体系。通过该项目，不仅能够增强安全意识，还能够提升解决实际问题的能力，从而为乡村经济的健康发展贡献力量。以下是对仓库安全管理基础知识的总结，包括基本原则、关键环节、管理制度以及实施细节。

一、仓库安全管理的基本原则

仓库安全管理的基本原则包括防火、防盗、防潮防霉和防虫防鼠。这些原则旨在确保仓库内物资的安全性和完整性，同时维护供应链的稳定运行。

防火安全是仓库管理的首要任务，因为火灾可能造成巨大经济损失和人员伤亡。合理的防火措施，如配备灭火器、消防栓和定期检查消防设施，是确保仓库安全的关键。

仓库盗窃不仅会导致经济损失，还可能影响供应链的连续性。安装防盗报警系统、监控摄像头和门禁系统是预防盗窃的有效手段。

仓库中的物资受潮或发霉会影响产品质量，甚至引发安全事故。使用除湿剂和防霉剂，以及控制储存环境的温度、湿度和光照，是防潮防霉的重要措施。

虫害和鼠害对仓库物资的破坏性极大。定期检查和清理，以及使用灭虫鼠产品，是防治虫害和鼠害的关键。

二、仓库安全管理的关键环节

仓库管理的关键环节包括入库管理、储存管理和出库管理。

入库时严格验收物资，确保其符合质量标准，并进行合理分类和码放，以提高仓储空间的利用率和物资管理的效率。定期盘点库存，控制库存水平，确保物资的安全和完整性。严格按照出库凭证进行操作，确保物资出库的准确性和运输安全。

三、仓库安全管理制度

建立健全的仓库安全管理制度是保障仓库安全运营的关键。这包括明确安全责任；建立安全培训制度，定期组织员工进行安全培训；定期进行安全检查，及时发现并处理隐患；建立事故处理机制，确保在事故发生时能迅速有效应对。

四、仓库安全管理实施

仓库应配置消防设施、防盗报警系统和防潮防霉设备等安全设施；制定全面的操作安全规程，涵盖物资存放、搬运、盘点和出库等环节；定期进行安全培训，提高员工的安全意识和技能。

其他安全考虑包括安全文化建设、更新仓库安全设备和技术、与当地社区建立合作关系等。

五、仓库安全检查与应急处理

定期检查和不定期抽查仓库安全情况，包括涵盖建筑结构、消防设施、电气系统、通风照明和物资储存条件。

应急处理流程包括火灾、盗窃和其他突发事件的应对措施，如火灾报警、人员疏散、灭火操作和紧急救援。

应急物资的准备包括消防器材、个人防护装备和急救用品，并确保其有效性和易取性。

习题与实训

一、仓库安全管理思考题

1. 在仓库管理中，为什么防火安全是首要任务？
2. 仓库盗窃对供应链可能造成哪些影响？
3. 仓库中的物资受潮或发霉可能引发哪些安全隐患？
4. 如何在仓库中有效控制虫害和鼠害？
5. 入库管理中，为什么需要对物资进行严格的质量检验？
6. 储存管理中，定期盘点库存的目的是什么？
7. 出库管理中，为什么必须严格按照出库凭证进行操作？
8. 仓库安全管理制度中，安全责任制对保障仓库安全有何作用？
9. 为什么定期进行安全培训对提高员工安全意识很重要？
10. 在仓库中，如何进行有效的安全检查和隐患排查？
11. 仓库应急处理预案中，如何应对火灾、盗窃和其他突发事件？
12. 在仓库中，如何确保应急物资的有效准备和及时更新？
13. 为什么应急物资的储存位置和安全性至关重要？
14. 在仓库中，如何通过安全文化建设提升员工的安全意识？
15. 针对仓库可能存在的自然灾害等风险，应采取哪些措施进行预防和应对？

二、实训环节

模拟仓库安全管理情境，进行现场操作和应急处理演练。

附件　仓库安全管理制度范本

项目八 信息技术与仓库管理

学习目标

了解信息技术的概念、应用以及信息系统的组成及运行机制,能选用信息技术设备辅助管理信息资源。

掌握仓库管理信息系统的基本功能,了解信息技术在仓库管理中发挥的重要作用。

熟悉仓库管理信息技术的应用案例,能够根据乡村企业实际情况,学会分析信息技术对仓库管理的影响,选择合适的信息技术进行仓库管理控制,提高企业的运营效率和竞争力。

引导案例集

任务一 认知信息技术及信息系统

一、信息技术的概念

1. 信息技术的含义

信息技术(Information Technology,IT),是主要用于管理和处理信息所采用的各种技术的总称,包括计算机技术、通信技术、传感技术等,目的是提高信息处理效率、准确性和可靠性,广泛应用于多个领域,改变人们生活和工作方式。

计算机技术中的硬件设备(服务器、个人电脑等)和软件系统(操作系统、数据库管理系统、各类应用软件等)用于信息的存储、处理和分析。通信技术包括有线通信（如网络电缆等）和无线通信（如 Wi-Fi、蓝牙、移动网络等），实现信息的快速传输和共享。传感技术则通过各类传感器收集物理世界的信息，如温度传感器、压力传感器等在仓库环境监测中的应用。

信息技术的目的是提高信息处理的效率、准确性和可靠性，以满足人们在各个领域的信息需求。在现代社会，信息技术已经广泛应用于商业、教育、医疗、交通等各个领域，极大地改变了人们的生活和工作方式。

2. 信息技术的功能

信息技术的功能非常广泛，它涵盖了从数据收集、存储、处理到传输、分析和应用的各个方面。以下是信息技术的主要功能。

（1）数据存储与管理。信息技术能够提供高效的数据存储手段。通过硬盘、固态硬盘、云存储等设备和技术，可以将大量的数据安全地保存起来。同时，利用数据库管理系统对数据进行组织、分类和管理，方便快速地查询和检索所需信息。例如，在仓库管理中，库存数据、货物信息等可以被准确地存储和管理，随时供管理人员调用。

（2）信息传输与共享。借助通信技术，信息技术可以实现信息的快速传输和共享。无论是通过有线网络、无线网络还是卫星通信，信息都能在不同地点、不同设备之间迅速流通。这使企业内部各个部门之间以及企业与外部合作伙伴之间能够及时交流信息，提高工作效率。在仓库管理中，实时的库存信息可以通过信息技术传输给销售部门、采购部门等，以便他们做出相应决策。

（3）信息处理与分析。利用计算机强大的计算能力，信息技术可以对大量的数据进行处理和分析。通过各种数据分析软件和算法，可以挖掘出数据中的潜在规律和价值。例如，在仓库管理中，可以对销售数据、库存数据进行分析，预测市场需求，优化库存水平，提高仓库的运营效率。

（4）自动化与智能化。信息技术可以实现各种自动化和智能化的功能。例如，在仓库管理中，自动化的仓储设备（如机器人、自动化货架等）可以在信息技术的控制下实现货物的自动存储和取出。同时，人工智能技术可以对仓库的运营情况进行智能分析和预测，为管理人员提供决策支持。

二、信息系统组成及运行机制

1. 信息系统组成

信息系统是由多个相互关联的组成部分构成的，这些组成部分共同工作以支持组织的信息处理需求。以下是信息系统的主要组成部分。

（1）硬件（Hardware）。

服务器：存储数据并提供服务。

工作站：用户进行操作和交互的设备。

网络设备：如路由器、交换机、集线器等，用于数据传输。

输入设备：如键盘、鼠标、扫描仪等。

输出设备：如打印机、显示器等。

（2）软件（Software）。

系统软件：如操作系统（Windows、Linux、MacOS 等）。

应用软件：如数据库管理系统、办公软件、专业应用软件等。

程序代码：实现特定功能的计算机程序。

（3）数据（Data）。

原始数据：未经处理的数据。

处理后的数据：经过分析、转换后的数据，可用于决策支持。

（4）网络（Network）。

内部网络：如局域网（LAN）。

外部网络：如广域网（WAN）、互联网。

（5）数据库（Database）。

数据库管理系统（DBMS）：用于存储、检索、更新和管理数据的系统。

数据库：存储数据的集合。

（6）人员（People）。

管理员：负责系统的维护和监控。

用户：使用系统进行工作的个人或团队。

（7）过程（Processes）。

系统流程：数据如何流动和处理。

业务流程：与信息系统相关的业务活动。

（8）政策和程序（Policies and Procedures）。

安全政策：确保数据安全和隐私。

操作程序：指导用户如何使用系统。

（9）文档（Documentation）。

用户手册：指导用户如何使用系统。

技术文档：提供系统设计、实施和管理的详细信息。

这些组成部分相互作用，共同构成了一个信息系统，它能够支持组织的日常运营、决策制定和战略规划。信息系统的设计、实施和维护需要综合考虑技术、业务和用户需求。

2. 信息系统的运行机制

信息系统的运行机制主要包括以下五方面。

（1）数据采集与输入。信息系统通过各种方式采集数据，如传感器自动采集物理数据、人工录入业务数据等。这些数据经过整理和验证后，被输入到信息系统中。例如，在仓库管理系统中，通过条形码扫描设备采集货物的入库信息，或者由仓库工作人员手动输入货物的详细信息。

（2）数据处理与存储。信息系统对输入的数据进行处理，包括数据的分类、整理、计算等操作。处理后的数据被存储在数据库或其他存储介质中，以便后续查询和使用。例如，仓库管理系统对入库货物的数据进行处理，更新库存数量，并将相关信息存储在数据库中。

（3）信息输出与反馈。信息系统根据用户的需求，将处理后的信息以各种形式输出，如报表、图形、查询结果等。同时，用户可以根据输出的信息进行反馈，调整输入数据或系统参数，以优化信息系统的运行效果。例如，仓库管理人员通过查看库存报表，了解库存情况，并根据实际需求调整采购计划。

（4）系统控制与管理。信息系统通过一系列的控制机制和管理措施，确保系统的稳定运行和数据的安全。这包括用户权限管理、数据备份与恢复、系统监控等。例如，在仓库管理系统中，只有授权的用户才能进行特定的操作，系统会定期对数据进行备份，以防止数据丢失。

（5）与外部系统的交互。信息系统通常需要与外部系统进行交互，以获取或提供信息。例如，仓库管理系统可能需要与供应商的系统进行交互，获取货物的供应信息；或者与销售系统进行交互，提供库存信息以支持销售决策。这种交互可以通过接口、数据交换标准等方式实现。

三、选用和连接信息技术设备

信息技术设备是用于实现信息的获取、存储、处理、传输和显示等功能的各种硬件设备。

（一）常见的信息技术设备

1. 计算机设备

个人电脑，包括台式机和笔记本电脑，是最常见的信息技术设备之一。用于办公、学习、娱乐等多种场景，可进行文档处理、数据分析、图形设计等各种任务。

服务器，通常用于企业或机构中，为多个用户提供数据存储、计算和应用服务。服务器具有高性能、高可靠性和可扩展性，能够满足大规模数据处理和业务需求。

2. 存储设备

硬盘，分为机械硬盘和固态硬盘，用于存储计算机中的数据。机械硬盘容量大、价格相对较低，但读写速度较慢；固态硬盘读写速度快、性能稳定，但价格相对较高。

移动存储设备，如 U 盘、移动硬盘等，方便用户在不同设备之间传输和存储数据。

3. 网络设备

路由器，用于连接不同的网络，实现网络之间的数据传输和通信。路由器可以根据网络地址将数据包转发到正确的目的地，同时还可以提供网络安全和管理功能。

交换机，用于连接多台计算机或其他网络设备，实现内部网络的数据交换。交换机可以提高网络的性能和可靠性，减少网络拥塞和冲突。

4. 通信设备

手机，是人们日常生活中最常用的通信设备之一，除了通话和短信功能外，还可以进行上网、拍照、娱乐等多种操作。

平板电脑，介于手机和笔记本电脑之间的移动设备，具有便携性和触摸屏操作等特点，适合阅读、浏览网页、观看视频等。

5. 输入输出设备

键盘和鼠标，用于输入指令和操作计算机。键盘是输入文字和命令的主要设备，鼠标则用于控制光标和进行图形界面的操作。

显示器，用于显示计算机处理后的图像和信息。显示器的分辨率、色彩还原度和响应速度等性能指标对用户的视觉体验有很大影响。

打印机，用于将计算机中的文档、图片等输出到纸张上。打印机分为喷墨打印机、激光打印机等不同类型，各有优缺点。

6. 其他设备

扫描仪，用于将纸质文档或图片转换为数字图像，以便存储和处理。

摄像头，用于拍摄照片和视频，可用于视频会议、监控等场景。

音响设备，用于播放音频文件，提供声音输出。

信息技术设备的不断发展和创新，为人们的生活和工作带来了极大的便利和效率提升。同时，随着信息技术的普及和应用，对信息技术设备的安全性、可靠性和性能要求也越来越高。

（二）连接信息技术设备

信息技术设备可以通过多种方式进行连接。

1. 有线连接

网络电缆连接。使用以太网电缆将计算机、服务器、路由器、交换机等设备连接起来，构建有线网络。这种连接方式稳定可靠，传输速度快，适用于对网络性能要求较高的场景，如企业办公环境、数据中心等。

USB 连接。通用串行总线（USB）是一种广泛应用于连接各种信息技术设备的接口标准。例如，可以通过 USB 电缆将打印机、扫描仪、外部存储设备等连接到计算机上,实现数据传输和设备控制。USB 连接方便快捷,支持热插拔,即插即用。

串口连接。串口(RS-232、RS-485 等)曾经是连接计算机和外部设备的常见方式,如调制解调器、工业控制设备等。虽然串口的传输速度相对较慢,但在一些特定的应用场景中仍然被使用。

2. 无线连接

Wi-Fi 连接。无线保真(Wi-Fi)技术是目前最常用的无线连接方式之一。通过无线路由器,计算机、手机、平板电脑等设备可以在一定范围内实现无线连接,访问互联网和共享资源。Wi-Fi 连接方便灵活,适用于家庭、办公室、公共场所等多种环境。

蓝牙连接。蓝牙技术主要用于短距离无线连接,如连接手机和无线耳机、键盘、鼠标等设备。蓝牙连接功耗低,适用于移动设备和小型外设的连接。

移动网络连接。手机等移动设备可以通过移动通信网络(如 4G、5G)连接到互联网,实现随时随地的数据传输和通信。移动网络连接适用于移动办公、户外使用等场景。

相关案例 京东物流自建的智能物流园区

任务二　仓库管理新内涵

一、仓库管理的概念

仓库管理是对仓库及仓库内的物资进行管理的活动。它涵盖了从货物入库到存储、保管，再到出库的整个过程，同时还包括对仓库布局、设备设施、人员安排以及相关信息的管理。

在货物入库阶段，仓库管理涉及对货物的验收、登记和分类。验收环节要确保货物的数量、质量与订单相符，登记则是将货物的详细信息录入管理系统，分类则是根据货物的属性、用途等因素将其放置在合适的存储区域。

存储与保管过程中，仓库管理人员需要合理规划仓库空间，确保货物能够安全、有序地存放。这包括确定货物的堆放方式、货架布局以及采取适当的防护措施，如防潮、防火、防盗等。同时，要对库存进行实时监控，掌握货物的数量变化、库存周转率等情况，以便及时进行补货或调整库存策略。

出库环节，仓库管理人员要根据订单准确地拣选货物，并进行包装和发货。确保出库货物的准确性和及时性，以满足客户需求。

仓库布局的管理包括对仓库内部各个功能区域的划分，如收货区、存储区、拣货区、发货区等，以及通道的设置和优化，以提高仓库作业效率。设备设施管理则涉及对货架、搬运设备、装卸设备等的维护和更新，确保其正常运行。人员安排方面，要合理分配仓库工作人员的岗位和职责，提高工作效率和服务质量。信息管理则是通过信息化系统对仓库内的各种数据进行收集、处理和分析，为决策提供依据。

总之，仓库管理是一项综合性的管理活动，其目的是提高仓库的运营效率、降低成本、确保货物的安全和及时供应。

二、仓库管理的内容

1. 货物管理

（1）货物接收。负责接收供应商或生产部门送来的货物，进行数量清点、质量检验和单据核对。确保货物与订单一致，无损坏或短缺情况。

（2）货物存储。根据货物的特性、价值和需求频率等因素，合理规划仓库空间，选择合适的存储方式和位置。例如，对于易腐货物需设置特定的冷藏区域；对于贵重物品则要加强安保措施。

（3）货物盘点。定期对库存货物进行盘点，核对实际库存与系统记录是否相符。及时发现和处理库存差异，确保库存数据的准确性。

（4）货物出库。根据销售订单或生产需求，准确拣选货物并进行包装和发货。确保出库货物的数量、质量和规格符合要求，及时送达客户或生产现场。

2. 仓库布局与设施管理

（1）仓库布局设计。合理划分仓库内的各个功能区域，如收货区、存储区、拣货区、发货区、办公区等。优化通道布局，确保货物搬运和人员流动的顺畅。

（2）货架与存储设备管理。选择合适的货架类型和规格，根据货物尺寸和重量进行合理配置。定期检查和维护货架的稳定性和安全性，确保货物存储的可靠。

（3）搬运设备管理。配备适当的搬运设备，如叉车、手推车等，并进行定期维护和保养。确保设备的正常运行，提高货物搬运效率。

（4）安全设施管理。安装和维护消防设备、监控系统、门禁系统等安全设施，确保仓库的安全。制定应急预案，定期进行安全演练，提高应对突发事件的能力。

3. 人员管理

（1）岗位设置与职责明确。根据仓库管理的需求，设置不同的岗位，如仓库主管、收货员、保管员、拣货员、发货员等。明确各岗位的职责和工作流程，确保工作的高效协同。

（2）人员培训与发展。对仓库工作人员进行业务培训，提高其专业技能和工作效率。提供晋升机会和职业发展规划，激励员工的工作积极性和创造力。

（3）绩效考核与激励机制。建立科学合理的绩效考核体系，对员工的工作表现进行评估和奖惩。通过激励机制，鼓励员工积极工作，提高仓库管理的整体水平。

4. 信息管理

（1）库存管理系统。采用先进的库存管理软件，对货物的入库、存储、出库等环节进行实时跟踪和管理。确保库存数据的准确性和及时性，为决策提供可靠依据。

（2）数据采集与分析。利用条形码、RFID等技术，快速准确地采集货物信息。对库存数据、出入库流量、订单处理时间等进行分析，找出管理中的问题和优化点。

（3）信息沟通与共享。建立良好的信息沟通渠道，确保仓库与供应商、销售部门、生产部门等之间的信息畅通。及时共享库存信息、订单状态等，提高供应链的协同效率。

5. 成本管理

（1）库存成本控制。通过合理的库存规划和管理，降低库存水平，减少库存积压和过期损失。优化采购策略，避免过多的库存资金占用。

（2）运营成本控制。对仓库的运营成本进行分析和控制，包括人力成本、设备维护成本、能源消耗成本等。提高设备利用率，优化人员配置，降低运营成本。

（3）成本核算与分析。定期进行成本核算和分析，了解仓库管理的成本结构和变化趋势。找出成本控制的关键点，制定相应的成本控制措施。

三、仓库管理的任务

仓库管理的任务主要包括以下六方面。

1. 物资存储与保管

（1）确保物资安全。采取各种安全措施，如防火、防潮、防盗、防虫等，保护物资免受损失。安装监控设备、消防设施，定期进行安全检查和隐患排查。

（2）合理规划存储布局。根据物资的特性、尺寸、重量和出入库频率等因素，合理规划仓库的存储布局。划分不同的存储区域，如普通货物区、贵重物品区、危险品区等，提高仓库空间利用率。

（3）维护物资质量。对需要特殊保管条件的物资，如食品、药品、电子产品等，提供适宜的存储环境，确保物资在存储期间质量不受影响。控制仓库的温度、湿度、通风等条件，定期检查物资的质量状况。

2. 物资出入库管理

（1）入库管理。严格按照入库流程，对物资进行验收、登记和分类。核对物资的数量、质量、规格等与采购订单或送货单是否一致，确保入库物资准确无误。及时将入库信息录入仓库管理系统，更新库存数据。

（2）出库管理。根据出库凭证，准确拣选物资，进行包装和发货。确保出库物资的数量、质量和规格符合要求，避免错发、漏发。及时更新仓库管理系统中的库存数据，保证库存信息的准确性。

（3）出入库效率提升。优化出入库流程，采用先进的技术和设备，如自动化搬运设备、条形码扫描系统等，提高出入库作业效率，缩短物资在仓库的停留时间。

3. 库存控制与管理

（1）库存水平控制。通过合理的库存规划和管理，确定最佳库存水平。既要避免库存过高导致资金占用和物资积压，又要防止库存过低影响生产和销售。运用库存管理模型，如 ABC 分类法、经济订货批量模型等，进行库存控制。

（2）库存盘点与调整。定期进行库存盘点，核对实际库存与系统记录是否相符。及时发现和处理库存差异，调整库存数据，确保库存的准确性。对积压物资进行清理和处理，减少库存成本。

（3）库存预警与补货。建立库存预警机制，当库存水平达到设定的警戒线时，及时发出预警信号，提醒进行补货。根据物资的需求预测和供应周期，合理安排补货时间和数量，确保物资的持续供应。

4. 仓库设备与设施管理

（1）设备维护与保养。对仓库的搬运设备、货架、装卸设备等进行定期维护和保养，确保设备的正常运行。建立设备档案，记录设备的使用情况、维修记录等，及时发现和解决设备故障。

（2）设施更新与改造。根据仓库业务的发展和需求变化，及时更新和改造仓库的设施。如增加货架数量、改善通风条件、升级消防设施等，提高仓库的存储能力和作业效率。

（3）安全设施管理。确保仓库的安全设施，如消防设备、监控系统、门禁系统等处于良好状态。定期进行安全检查和演练，提高应对突发事件的能力。

5. 人员管理与团队建设

（1）人员培训与发展。对仓库工作人员进行业务培训，提高其专业技能和工作效率。提供晋升机会和职业发展规划，激励员工的工作积极性和创造力。

（2）绩效考核与激励机制。建立科学合理的绩效考核体系，对员工的工作表现进行评估和奖惩。通过激励机制，鼓励员工积极工作，提高仓库管理的整体水平。

（3）团队建设与沟通协作。营造良好的团队氛围，加强员工之间的沟通协作。组织团队活动，增强团队凝聚力和向心力，提高工作效率和服务质量。

6. 信息管理与数据分析

（1）仓库管理系统应用。采用先进的仓库管理系统，实现物资的入库、出库、库存管理、盘点等业务的信息化管理。提高数据的准确性和及时性，为决策提供可靠依据。

（2）数据采集与分析。利用条形码、RFID等技术，快速准确地采集物资信息。对库存数据、出入库流量、订单处理时间等进行分析，找出管理中的问题和优化点。

（3）信息沟通与共享。建立良好的信息沟通渠道，确保仓库与供应商、销售部门、生产部门等之间的信息畅通。及时共享库存信息、订单状态等，提高供应链的协同效率。

四、仓库管理新模式

随着科技的不断发展，仓库管理也涌现出了许多新模式。

1. 智能仓储

（1）自动化设备广泛应用。智能仓储大量采用自动化设备，如机器人、自动导引车（AGV）、自动化货架系统等。机器人可以完成货物的搬运、码垛和拆垛等重复性劳动，提高工作效率和准确性。AGV 能够按照预设的路径自动行驶，将货物从一个地点运输到另一个地点，减少人工搬运的工作量。自动化货架系统可以实现货物的自动存储和检索，提高仓库空间利用率。

（2）传感器与物联网技术。通过在仓库中安装各种传感器，如温度传感器、湿度传感器、压力传感器等，可以实时监测仓库环境和货物状态。物联网技术将这些传感器与仓库管理系统连接起来，实现数据的实时传输和分析。管理人员可以通过手机或电脑随时了解仓库的情况，及时发现问题并采取措施。

（3）人工智能与大数据分析。利用人工智能算法和大数据分析技术，可以对仓库的库存水平、订单需求、运输路线等进行预测和优化。例如，通过分析历史销售数据和市场趋势，可以预测未来的需求，从而合理安排库存和采购计划。同时，大数据分析还可以优化仓库的布局和作业流程，提高仓库的运营效率。

2. 云仓储

（1）资源共享与灵活调配。云仓储将多个仓库的资源整合到一个平台上，实现资源共享和灵活调配。企业可以根据自己的需求，选择合适的仓库位置和规模，将货物存储在不同的仓库中。当订单需求发生变化时，可以快速调整货物的存储位置和配送路线，提高物流响应速度。

（2）信息化管理与协同作业。云仓储平台通过互联网将各个仓库连接起来，实现信息化管理和协同作业。企业可以在平台上实时查询库存信息、订单状态和物流轨迹，与供应商、物流公司和客户进行信息共享和沟通。同时，平台还可以对仓库的作业流程进行优化和协调，提高仓库的运营效率和服务质量。

降低成本与提高效益。云仓储模式可以降低企业的仓储成本和物流成本。企业无须自己建设和管理仓库，只需支付一定的仓储费用和物流费用即可。同时，云仓储平台还可以提供增值服务，如包装、配送、退货处理等，提高企业的效益和竞争力。

3. 绿色仓储

（1）节能环保设计。绿色仓储在仓库的设计和建设中充分考虑节能环保因素。采用节能型建筑材料和设备，如太阳能板、节能灯具、高效空调等，降低能源消耗。同时，合理规划仓库的布局和通风系统，减少照明和空调的使用时间。

绿色包装与回收利用。推广绿色包装材料，如可降解包装、循环利用包装等，减少包装废弃物的产生。建立包装回收和再利用体系，对废旧包装进行分类、回收和处理，提高资源利用率。

（2）绿色运输与配送。优化运输路线和配送方式，采用节能环保的运输工具，如电动货车、混合动力货车等，降低运输过程中的能源消耗和环境污染。同时，推广共同配送和多式联运，提高运输效率和降低成本。

　　总之，仓库管理新模式的出现，为乡村企业提高仓储效率、降低成本、提升服务质量提供了新的思路和方法。乡村企业应根据自身的实际情况，积极探索和应用这些新模式，不断提升仓库管理水平。

相关案例　亚马逊仓储

任务三　仓库管理信息技术

一、仓库信息技术概述

仓库信息技术是指在仓库管理过程中应用的各种信息技术手段。它涵盖了从货物入库、存储、保管到出库的整个流程，旨在提高仓库管理的效率、准确性和可视化程度。

仓库信息技术主要包括以下五方面。

1. 自动识别技术

（1）条形码技术。通过在货物上粘贴条形码标签，利用条形码扫描设备快速读取货物信息，实现货物的快速识别和数据采集。条形码技术成本低、应用广泛，是仓库管理中最基本的自动识别技术之一。

（2）RFID 技术。无线射频识别技术，通过在货物上安装电子标签，利用射频信号实现非接触式的自动识别。RFID 技术具有读取速度快、可重复使用、存储容量大等优点，适用于对货物进行实时跟踪和管理。

（3）图像识别技术。利用摄像头等设备对货物进行拍照，通过图像识别算法自动识别货物的种类、数量和位置等信息。图像识别技术可以提高货物识别的准确性和效率，减少人工干预。

2. 数据采集与传输技术

（1）传感器技术。在仓库中安装各种传感器，如温度传感器、湿度传感器、压力传感器等，实时采集仓库环境和货物状态信息。传感器技术可以帮助管理人员及时了解仓库的情况，采取相应的措施保障货物的安全。

（2）无线通信技术。利用无线通信设备，如 Wi-Fi、蓝牙、ZigBee 等，实现仓库内设备之间的数据传输和通信。无线通信技术可以提高数据采集和传输的效率，减少布线成本。

（3）数据传输接口技术。仓库管理系统需要与其他系统进行数据交换和集成，如企业资源计划（ERP）系统、供应链管理系统等。数据传输接口技术可以实现不同系统之间的数据传输和共享，提高仓库管理的信息化水平。

3. 仓库管理系统

（1）库存管理模块。对仓库内的货物进行库存管理，包括入库、出库、盘点、调拨等操作。库存管理模块可以实时掌握库存数量和位置信息，提高库存管理的准确性和效率。

（2）订单管理模块。对客户订单进行管理，包括订单接收、处理、发货等操作。订单管理模块可以提高订单处理的速度和准确性，满足客户的需求。

（3）仓库布局与设备管理模块。对仓库的布局和设备进行管理，包括货架布局、搬运设备管理、安全设备管理等。仓库布局与设备管理模块可以提高仓库的空间利用率和设备的使用效率，保障仓库的安全。

4. 数据分析与报表模块

对仓库管理过程中的数据进行分析和统计，生成各种报表和图表，为管理人员提供决策支持。数据分析与报表模块可以帮助管理人员了解仓库的运营情况，发现问题并及时采取措施。

5. 自动化设备与技术

（1）自动化货架系统。利用自动化设备实现货物的自动存储和检索，提高仓库空间利用率和作业效率。自动化货架系统可以根据货物的种类、数量和存储要求进行灵活配置，适用于各种类型的仓库。

（2）自动化搬运设备。如叉车、堆垛机、AGV等，实现货物的自动搬运和装卸，提高作业效率和安全性。自动化搬运设备可以根据仓库的布局和作业流程进行定制化设计，满足不同的需求。

（3）自动化分拣设备。利用自动化设备对货物进行分拣和分类，提高分拣效率和准确性。自动化分拣设备可以根据货物的尺寸、重量、形状等特征进行自动识别和分拣，适用于快递、电商等行业的仓库。

总之，仓库信息技术的应用可以提高仓库管理的效率、准确性和可视化程度，降低成本，提高客户满意度。随着信息技术的不断发展和创新，仓库信息技术也将不断升级和完善，为仓库管理带来更多的便利和效益。

二、仓库管理大数据技术

1. 大数据技术概述

大数据技术是指对海量、多样化的数据进行采集、存储、处理和分析的一系列技术。它具有数据量大、数据类型多样、处理速度快、价值密度低等特点。在仓库管理中，大数据技术可以帮助企业更好地了解市场需求、优化库存管理、提高物流效率。

2. 仓库管理大数据技术应用

（1）需求预测。在仓库管理中，大数据技术可以通过对历史销售数据、市场趋势、季节变化、促销活动等多方面数据的分析，精准预测未来货物的需求。例如，通过分析过去几年不同季节各类商品的销售情况，可以发现某些商品在特定季节的销售高峰，从而提前为这些季节做好库存准备。同时，结合当前市场动态，如竞争对手的营销策略、行业发展趋势等信息，可以更准确地调整库存水平，以满足市场需求。对于电商企业来说，大数据还可以分析用户的浏览记录、购买行为等，预测用户可能购买的商品，提前将这些商品调配到离用户更近的仓库，提高配送效率。

（2）库存优化。数据技术可以对仓库内货物的出入库情况、库存周转率、滞销商品等进行深入分析，从而实现库存优化。通过实时监控库存数据，企业可以及时发现库存积压或短缺的情况，并采取相应的措施。例如，如果发现某种商品的库存周转率较低，可能意味着该商品的库存过多，可以考虑采取促销活动或减少采购量。另外，大数据还可以帮助企业优化仓库布局，根据商品的销售频率和关联性，将畅销商品放置在更易于存取的位置，提高仓库作业效率。对于多仓库的企业，大数据可以分析不同仓库之间的库存分布情况，实现库存的动态调配，降低整体库存成本。

（3）物流路径优化。用大数据技术，结合交通状况、运输成本、配送时间等因素，可以为货物的运输和配送选择最佳路径。通过收集和分析交通数据，如路况信息、拥堵时段等，可以避开拥堵路段，缩短运输时间。同时，考虑运输成本因素，包括燃油费用、车辆租赁费用等，选择成本最低的运输方式和路线。对于有多个配送点的情况，大数据可以通过优化算法，规划出最合理的配送顺序，提高配送效率，降低物流成本。此外，大数据还可以对运输过程中的车辆位置、货物状态等进行实时监控，及时处理异常情况，确保货物安全、准时送达目的地。

三、仓库管理 AR 技术

1. AR 及相关技术概述

增强现实（AR）技术是一种将虚拟信息与真实世界融合的技术。它通过计算机图形技术、传感器技术等，将虚拟的图像、文字、音频等信息叠加在真实场景中，为用户提供更加丰富的视觉和交互体验。在仓库管理中，AR 技术可以与其他技术相结合，如物联网、大数据等，为仓库作业提供更加智能化的解决方案。

2. 仓库管理 AR 技术应用

（1）货物识别与定位。利用 AR 技术和图像识别技术，工作人员可以通过佩戴 AR 设备快速识别货物，并获取货物的位置信息。这可以提高货物查找的效率，减少错误率。

（2）作业指导。通过 AR 设备为仓库工作人员提供实时的作业指导，如货物的搬运路径、存储位置、操作步骤等。这可以提高作业的准确性和效率，降低培训成本。

（3）库存盘点。利用 AR 技术和传感器技术，工作人员可以快速准确地进行库存盘点。AR 设备可以显示货物的数量、位置等信息，工作人员只需通过扫描货物即可完成盘点工作。

四、仓库管理 RFID 技术

1. RFID 技术概述

射频识别（RFID）技术是一种利用射频信号通过空间耦合（交变磁场或电磁场）实现无接触信息传递并通过所传递的信息达到自动识别目的的技术。它由电子标签、读写器和天线组成。电子标签存储着物品的相关信息，读写器通过天线发射射频信号，当电子标签进入读写器的射频场时，标签被激活并将存储的信息发送给读写器，读写器接收并解码信息后传输给后台系统进行处理。

2. RFID 技术和条码识别技术的区别

（1）读取方式。RFID 技术可以实现远距离、非接触式读取，无须像条码识别那样需要将扫描设备对准条码进行近距离读取。这使 RFID 在一些环境复杂、难以进行近距离操作的场景中具有明显优势。条码识别技术需要人工手持扫描设备进行逐一审视读取，效率相对较低，且容易受到条码污损、光线等因素影响。

（2）存储容量。RFID 标签的存储容量比条形码大得多，可以存储大量的货物信息，如产品名称、规格、生产日期、批次号、供应商信息等。这有助于实现更详细的货物追溯和管理。条形码的存储容量有限，通常只能存储少量的数字或字母信息。

（3）耐用性。RFID 标签具有更强的耐用性，可以在恶劣的环境下使用，如高温、低温、潮湿、灰尘等环境。标签可以封装在塑料、纸张等不同材质中，具有防水、防磁、耐高温等特性。条形码容易受损，如刮擦、磨损、污渍等都可能导致条码无法识别，影响货物的识别和管理。

（4）成本。RFID 技术的成本相对较高，包括电子标签、读写器以及系统集成等方面的费用。尤其是对于大规模应用来说，前期投入较大。条码识别技术的成本较低，条码标签和扫描设备的价格相对便宜，易于普及和应用。

3. RFID 的主要技术标准体系和频率标准

（1）技术标准体系。

EPCglobal：由国际物品编码协会（EAN）和美国统一代码委员会（UCC）共同发起成立，致力于推广全球统一的电子产品代码（EPC）标准体系。该体系涵盖了电子标签、读写器、中间件、信息服务等方面的标准，旨在实现全球范围内的物品跟踪和供应链管理。

ISO/IEC：国际标准化组织（ISO）和国际电工委员会（IEC）制定了一系列与 RFID 相关的标准，包括空中接口协议、数据格式、编码规则、测试方法等。这些标准为 RFID 技术的应用提供了规范和指导，确保不同厂家的设备之间能够相互兼容和操作。

（2）频率标准。

低频（125～134 kHz）：低频 RFID 系统具有穿透能力强、读取距离短的特点，适用于对金属物体和潮湿环境下的物品进行识别。例如，用于动物识别、门禁控制等领域。

高频（13.56 MHz）：高频 RFID 系统的读取距离相对较短，但数据传输速度较快，可存储的信息量也较大。常用于图书管理、电子票证、智能卡等领域。

超高频（860～960 MHz）：超高频 RFID 系统具有读取距离远、读取速度快、可同时识别多个标签等优点，适用于大规模物流、仓储管理等领域。然而，超高频信号容易受到金属和液体的干扰，在实际应用中需要考虑环境因素的影响。

微波（2.45 GHz、5.8 GHz）：微波频率的 RFID 系统读取距离较远，数据传输速度快，但对环境的要求较高，成本也相对较高。主要应用于高速公路收费、停车场管理等领域。

4. RFID 在仓库管理中的应用

（1）RFID 环境下的仓储管理。

①入库管理。当货物到达仓库时，安装在仓库入口处的 RFID 读写器可以自动读取货物上的电子标签信息，无须人工干预即可完成入库登记。标签信息包括货物的名称、规格、数量、生产日期、供应商等，这些信息将被实时传输到仓库管理系统中。系统根据货物信息自动分配存储位置，例如根据货物的种类、重量、尺寸等因素，将货物分配到合适的货架或货位上。同时，系统可以生成入库单和库存报表，方便管理人员进行库存查询和统计。

②库存管理。通过在仓库内安装多个 RFID 读写器，可以实时监控仓库内货物的库存数量和位置信息。读写器不断扫描电子标签，将标签信息传输到系统中，系统可以实时更新库存数据，确保库存数据的准确性。当库存数量低于设定的安全库存水平时，系统会自动发出预警，提醒管理人员及时进行补货。同时，系统可以对库存周转率进行分析，帮助管理人员优化库存结构，减少库存积压和资金占用。对于需要进行定期盘点的仓库，RFID 技术可以实现快速、准确的库存盘点。管理人员只需手持 RFID 读写器在仓库内走动，读写器即可自动读取范围内的电子标签信息，与系统中的库存数据进行比对，快速完成盘点工作。

③出库管理。在货物出库时，系统根据出库单自动查找相应的货物位置，并将出库信息发送到仓库工作人员的手持设备上。工作人员根据手持设备上的指示找到货物，使用手持读写器读取货物上的电子标签信息，进行出库确认。系统自动更新库存数据，并生成出库单和发货报表。同时，系统可以对出库货物进行追溯，记录货物的出库时间、去向等信息，方便管理人员进行物流跟踪和管理。

（2）RFID环境下的运输管理。

①货物跟踪。在运输过程中，通过在运输车辆上安装RFID读写器和GPS定位设备，可以实时跟踪货物的位置和状态。读写器不断读取货物上的电子标签信息，并将信息通过无线网络传输到后台系统中。

管理人员可以通过系统随时查看货物的运输位置、运输进度、预计到达时间等信息，及时掌握货物的动态。同时，系统可以对运输过程中的异常情况进行预警，如货物丢失、温度异常、湿度异常等，以便及时采取措施。

②车辆管理。利用RFID技术可以对运输车辆进行识别和管理。在车辆进入仓库或物流园区时，安装在入口处的RFID读写器可以自动读取车辆上的电子标签信息，包括车辆的牌照号码、车型、所属公司等，实现车辆的快速登记和入场管理。系统可以对车辆的运输任务进行分配和调度，根据车辆的位置、载重量、行驶速度等因素，合理安排运输路线和任务，提高车辆的利用率和运输效率。同时，系统可以对车辆的维修保养情况进行记录和管理，提醒管理人员及时进行车辆维护，确保车辆的安全运行。

（3）RFID环境下的配送管理。

①配送路线优化。结合RFID技术和地理信息系统（GIS），可以实时获取货物的位置信息和配送需求，为配送车辆规划最佳路线。系统根据货物的目的地、配送时间要求、交通状况等因素，利用优化算法计算出最佳的配送路线，减少配送时间和成本。在配送过程中，系统可以实时监控配送车辆的位置和行驶状态，根据实际情况对路线进行调整。例如，如果遇到交通拥堵或道路施工等情况，系统可以重新规划路线，确保货物按时送达目的地。

②签收管理。在货物送达客户时，客户可以通过扫描货物上的RFID标签进行签收确认。客户使用手机或平板电脑等设备扫描电子标签，系统自动记录签收时间和签收人信息，并将签收信息反馈给发货方和配送方。签收管理可以提高签收的准确性和效率，减少纠纷的发生。同时，系统可以对签收信息进行统计和分析，为企业提供客户满意度等方面的反馈信息，帮助企业改进服务质量。

项目小结

信息技术主要用于管理和处理信息所采用的各种技术的总称，包括计算机技术、通信技术、传感技术等，目的是提高信息处理效率、准确性和可靠性，广泛应用于多个领域，结合信息技术在仓库管理中的应用，仓库管理系统能实现库存信息的实时查询、预警和统计分析，降低库存成本。

运用仓库管理 AR 技术应用、无线射频识别（RFID）技术实现仓库物品的自动识别、追踪和管理，提高仓库作业效率。

信息技术及信息系统能提高仓库作业效率、降低库存成本、提升企业竞争力。根据乡村企业实际情况，学会分析信息技术对仓库管理的影响，选择合适的信息技术进行仓库管理控制，能提高乡村企业的运营效率和竞争力。

习题与实训

（一）习题

1. 简述信息技术在仓库管理中的作用。
2. 简述仓库管理的主要任务。
3. 列举三种仓库管理信息系统的主要功能。
4. 请简述在仓库管理中，RFID 技术与条码识别技术相比有哪些优势？

（二）实训

实训目的：了解仓库管理信息系统的基本功能，掌握仓库管理信息技术的应用。

实训内容：

1. 学习仓库管理信息系统的基础知识；
2. 熟悉仓库管理信息系统的操作流程；
3. 运用所学知识，对某乡村企业的仓库管理进行优化；
4. 撰写实训报告，总结实训过程中的收获和体会。

实训要求：

1. 认真完成实训任务，确保实训效果；
2. 积极参与讨论，分享实训心得；
3. 撰写高质量的实训报告，为后续学习奠定基础。

通过本章的学习，我们了解到信息技术在仓库管理中的重要作用，以及信息技术对仓库管理的影响。希望同学们能够将所学知识运用到实际工作中，为我国乡村企业的发展贡献力量。